Destination Korea, Vol.15

당신이 모르는 그곳
양 양

당신이 모르는 그곳, 양양
MOVE

Yang Yang is All Mine

그거 아세요?
양양 토박이들은 참기름을 거의 먹지 않습니다. 간혹 참기름이 선물로 들어오더라도 다 먹지 못한 채 유효기간이 지나기 일쑤라고 합니다. "우린 오래 전부터 들기름만 먹었어요. 김밥에도, 송편에도 들기름을 발라요. 이유? 글쎄요. 들기름이 더 맛있지 않나요?"
깨 농사를 지어 들기름과 들깨가루를 생산하는 양양의 한 농장에 취재 갔을 때 궁금한 것을 여쭤어 봤습니다. 왜 참기름은 생산하지 않는지에 대해서. 돌아온 답은 간단했습니다. '주변에 참깨 농사를 짓는 분이 없어서 참깨를 구할 수가 없다.' 그렇다면 참깨를 심지 않는 이유는 뭘까요? 기후나 토양 문제일까요? 어떤 분은 '참깨는 고라니가 좋아해서 아예 심지 않는다.' 라고 하셨습니다. 지금 다시 생각해보니 답은 어쩌면 간단할지도 모릅니다. 예전부터 양양 사람들이 들기름만 먹어왔으니 당연히 들깨만 심어왔던 것이 아닐까요.
그거 아세요?
양양은 '메밀국수(막국수)의 도시'입니다. 강원도의 도시 중 양양에 메밀국수 식당이 제일 많습니다. 메밀국수 전문점들을 다니면서 재미있는 사실을 발견했습니다. 요즘 수도권에서 한창 유행인 '들기름 막국수'가 최근 만들어진 메뉴가 아니라는 것입니다. 물론 그 메뉴가 전국적 인기를 끌게 된것은 한 식당의 노력과 개발, 연구가 있었기 때문입니다만 양양 사람들에게 '들기름 막국수' 는 익숙합니다. 동네 사람들이 모여 메밀을 빻고 국수를 눌러 들기름을 듬뿍 넣고 소금을 쳐서 나누어 먹었던 과거의 기억이지요. 양양을 서핑의 도시, 힙한 카페가 많은 곳으로만 알았던 저는 여행을 통해, 사람들을 통해, 학교에서 가르쳐 주지 않았던 많은 것들을 배웠습니다.

독자들에게도 양양 여행을 권합니다. 막국수 여행, 걷기 여행, 서핑 여행, 미식 여행, 쉬는 여행... 양양에 다 있습니다. 매일 집을 나와 여행하는 이에게 물었습니다. "편안하고 좋은 집 놔두고 왜 그렇게 매일 어딜 나가세요?" 그가 대답했습니다. "집에는 들판이, 기러기가, 산이 없잖아요?" 그는 덧붙입니다. "사랑하니까요. 사랑하면 전부 내 것이 됩니다. 자연을 사랑하면 자연이 내 것이 되지요."
저도 양양을 사랑하는 사람이 될까 해요. 양양을 내 것으로 하고 싶으니까요. 양양은 틈이 있는 도시라고 며칠 전 만난 작가님이 말했습니다. 적당한 틈, 여유 그래서 비집고 들어가기 좋다고 했습니다. 그 틈이 있어야 예술도 시작되고 기회도 오니까요. 양양이 이미 누군가에는 익숙한 곳일지 모르지만 양양은 생각보다 훨씬 크고 넓습니다.

언제나처럼 책 한 권에 양양의 모든 것을 담기엔 부족함을 느끼지만, 독자가 이 책을 통해 양양을 조금 더 깊이 여행할 수 있길 바랍니다.

조은영 편집장

MOVE OFF
[움직이기 시작하다]

6
PHOTO GALLERY
포토 갤러리

16
INFORMATION
여행의 예습

22
STUDY
아는 만큼 보인다

26
INSPIRATION
양양의 오래된 미래

ON THE MOVE
[마음껏 돌아다니다]

37
ART OF TRAVEL
여행의 기술

76
COOL SPOTS
오색 빛깔 그곳

86
STAY
좋은 잠

94
TASTE
양양 맛지도

100
AT THE FARM
농장에서

DIRECTORY
[여행의 작은 사전]

108
ACCOMMODATION

114
COFFEE&TEA

120
RESTAURANT

MOVE ON
[그리고 또 다른 이야기들]

130
LOCAL
원파인데이

136
PLANING
양양 비경

140
RECIPE
감자와 감자전

144
RESEARCH
메밀국수의 도시

150
EXIBITION
남대천은 살아있다

154
SOUVENIR
양양 기념품

MOVE OFF
[움직이기 시작하다]

여행의 예습

산과 바다, 하천이 어우러진 수려한 도시, 치유와 웰빙, 그리고 온전한 쉼이 있는 양양을 보다 더 잘 즐기기 위한 여행 전 예습!

Editor 편집부 **Photographer** 이규열

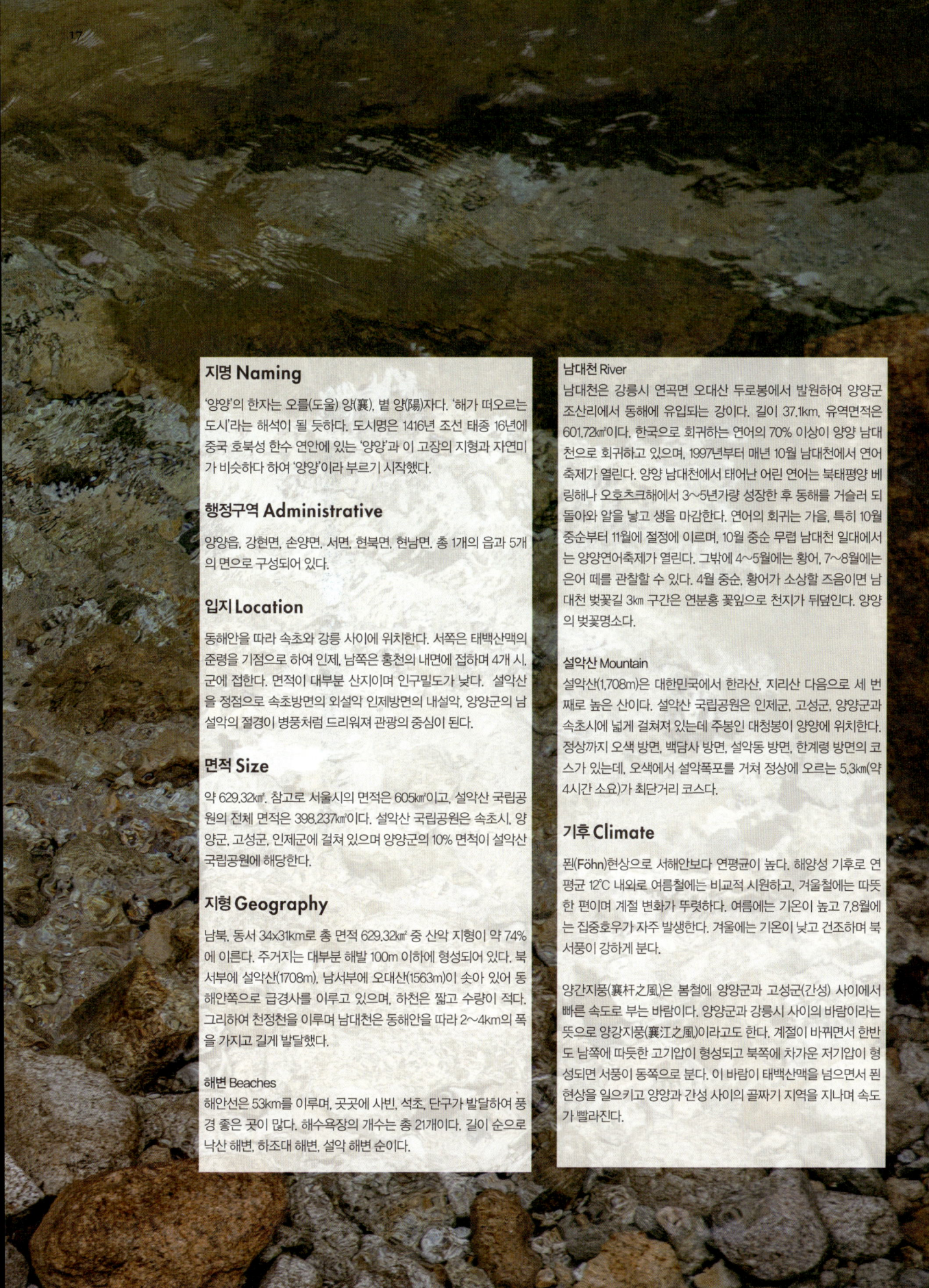

지명 Naming

'양양'의 한자는 오를(도울) 양(襄), 볕 양(陽)자다. '해가 떠오르는 도시'라는 해석이 될 듯하다. 도시명은 1416년 조선 태종 16년에 중국 호북성 한수 연안에 있는 '양양'과 이 고장의 지형과 자연미가 비슷하다 하여 '양양'이라 부르기 시작했다.

행정구역 Administrative

양양읍, 강현면, 손양면, 서면, 현북면, 현남면. 총 1개의 읍과 5개의 면으로 구성되어 있다.

입지 Location

동해안을 따라 속초와 강릉 사이에 위치한다. 서쪽은 태백산맥의 준령을 기점으로 하여 인제, 남쪽은 홍천의 내면에 접하며 4개 시, 군에 접한다. 면적이 대부분 산지이며 인구밀도가 낮다. 설악산을 정점으로 속초방면의 외설악 인제방면의 내설악, 양양군의 남설악의 절경이 병풍처럼 드리워져 관광의 중심이 된다.

면적 Size

약 629.32㎢. 참고로 서울시의 면적은 605㎢이고, 설악산 국립공원의 전체 면적은 398,237㎢이다. 설악산 국립공원은 속초시, 양양군, 고성군, 인제군에 걸쳐 있으며 양양군의 10% 면적이 설악산 국립공원에 해당한다.

지형 Geography

남북, 동서 34x31km로 총 면적 629.32㎢ 중 산악 지형이 약 74%에 이른다. 주거지는 대부분 해발 100m 이하에 형성되어 있다. 북서부에 설악산(1708m), 남서부에 오대산(1563m)이 솟아 있어 동해쪽으로 급경사를 이루고 있으며, 하천은 짧고 수량이 적다. 그리하여 천정천을 이루며 남대천은 동해안을 따라 2~4km의 폭을 가지고 길게 발달했다.

해변 Beaches

해안선은 53km를 이루며, 곳곳에 사빈, 석초, 단구가 발달하여 풍경 좋은 곳이 많다. 해수욕장의 개수는 총 21개이다. 길이 순으로 낙산 해변, 하조대 해변, 설악 해변 순이다.

남대천 River

남대천은 강릉시 연곡면 오대산 두로봉에서 발원하여 양양군 조산리에서 동해에 유입되는 강이다. 길이 37.1km, 유역면적은 601.72㎢이다. 한국으로 회귀하는 연어의 70% 이상이 양양 남대천으로 회귀하고 있으며, 1997년부터 매년 10월 남대천에서 연어축제가 열린다. 양양 남대천에서 태어난 어린 연어는 북태평양 베링해나 오호츠크해에서 3~5년가량 성장한 후 동해를 거슬러 되돌아와 알을 낳고 생을 마감한다. 연어의 회귀는 가을, 특히 10월 중순부터 11월에 절정에 이르며, 10월 중순 무렵 남대천 일대에서는 양양연어축제가 열린다. 그밖에 4~5월에는 황어, 7~8월에는 은어 떼를 관찰할 수 있다. 4월 중순, 황어가 소상할 즈음이면 남대천 벚꽃길 3km 구간은 연분홍 꽃잎으로 천지가 뒤덮인다. 양양의 벚꽃명소다.

설악산 Mountain

설악산(1,708m)은 대한민국에서 한라산, 지리산 다음으로 세 번째로 높은 산이다. 설악산 국립공원은 인제군, 고성군, 양양군과 속초시에 넓게 걸쳐져 있는데 주봉인 대청봉이 양양에 위치한다. 정상까지 오색 방면, 백담사 방면, 설악동 방면, 한계령 방면의 코스가 있는데, 오색에서 설악폭포를 거쳐 정상에 오르는 5.3km(약 4시간 소요)가 최단거리 코스다.

기후 Climate

푄(Föhn)현상으로 서해안보다 연평균이 높다. 해양성 기후로 연평균 12℃ 내외로 여름철에는 비교적 시원하고, 겨울철에는 따뜻한 편이며 계절 변화가 뚜렷하다. 여름에는 기온이 높고 7,8월에는 집중호우가 자주 발생한다. 겨울에는 기온이 낮고 건조하며 북서풍이 강하게 분다.

양간지풍(襄杆之風)은 봄철에 양양군과 고성군(간성) 사이에서 빠른 속도로 부는 바람이다. 양양군과 강릉시 사이의 바람이라는 뜻으로 양강지풍(襄江之風)이라고도 한다. 계절이 바뀌면서 한반도 남쪽에 따듯한 고기압이 형성되고 북쪽에 차가운 저기압이 형성되면 서풍이 동쪽으로 분다. 이 바람이 태백산맥을 넘으면서 푄 현상을 일으키고 양양과 간성 사이의 골짜기 지역을 지나며 속도가 빨라진다.

인구 Population

2024년 8월 기준 28,000여 명

역사 History

삼국시대
313 고구려 하서랑군의 익현현 또는 이문현이라 칭함.
757 통일신라 경덕왕 16년 익령현으로 개칭 수성군 속현이 됨.

고려시대
995 성종14년 10도제(道制)로 되면서 익령현으로 삭방도에 속함.
1018 현종9년 명주(溟州)의 속현인 동산현이 익령현의 속현이 됨.
1221 고종8년 거란병을 잘 방어하여 양주방어사로 승격 됨.
1254 고종41년 몽골에 패하여 양주현으로 강등 됨.
1257 고종44년 몽골에 패하여 읍호를 격하 덕령으로 하고 감무를 둠.
1260 원종1년 지양주사로 승격. 별호는 양산.

조선시대
1397 태조6년 양주부로 승격.
1413 태종13년 양주도호부로 개칭.
1416 태종16년 양양도호부로 개명.
1895 고종32년 강원도 양양군으로 개칭.

일제강점기
1914 부내면·부남면·위산면을 합쳐서 양양면으로, 동면·남면을 손양면으로, 강선면·사현면을 강현면으로, 도문면·소천면을 도천면으로 서면, 현북면, 현남면은 그대로 두어 7개면이 됨.
1919 간성군의 토성면·죽왕면이 양양군에 편입 됨.
1937 소천면 면사무소를 대포리에서 속초리로 이전하여 속초면으로 개칭.
1942 속초면이 속초읍으로 승격.

대한민국
1945 38선을 경계로 분단되면서 현남면과 현북면·서면의 남쪽 마을 일부는 강릉군에 편입, 현북면·서면의 잔류마을과 속초읍·토성면·죽왕면·강현면·양양면·손양면은 북한에 속하게 되었음.
1951 군정(軍政) 실시.
1953 군휴전 협정이 조인된 이후 수복 됨.
1954 현남면은 명주군에 편입되고, 현북면과 서면 일부가 다시 본군에 회복됨.
1963 속초읍이 시로 승격 분리되고 죽왕면·토성면이 고성군에 편입, 명주군 현남면이 본군에 환원, 6개 읍·면이 됨.
1979년 5월, 양양면이 양양읍으로 승격.
1983년 강현면 상복리 일부가 속초시에 편입.
1999년 1개읍 5개면 124리로 현재에 이름.

교통 Transportation

공항 Airport
양양군 손양면 동호리에 있는 양양국제공항은 영동권 중심 거점공항이자 강원도의 관문이다. 코비드19 이후 2023년 8월부터 김포–양양 노선, 청주–양양 노선 등이 비정기적으로 운항하고 있으며 2024년 이후 마닐라, 나트랑과 다낭, 보홀, 몽골 등으로 가는 국제선 노선도 전세기 또는 일시적 운행으로 정상화에 이르고 있다.

고속도로 Highway
서울양양고속도로는 서울특별시 강동구를 기점으로, 남양주, 춘천시, 인제군을 경유하여 양양군을 종점으로 하는 고속도로다. 2009년에 춘천 분기점 구간이 먼저 개통되었고, 2017년 6월 30일에 양양까지 개통되었다. 이 고속도로의 개통으로 서울과 양양(강일IC부터 양양분기점까지 150.17km), 90분 시대가 열렸다.

버스 Bus
양양종합여객터미널은 양양군 양양읍 동해대로 2700에 위치해 있으며, 시외버스와 고속버스가 운행된다. 시외버스는 서울(동서울터미널)행, 고속버스로는 서울경부, 인천, 인천국제공항행이 있다. 2022년 현재의 위치로 이전했다. 서울고속버스터미널로 가는 버스는 하루에 36회 운행되며, 첫차는 06:50분이며 막차는 23:0이다. 소요시간은 약 2시간. 동서울터미널에서 낙산까지 1시간 50분 거리다. 양양–낙산–속초 순으로 정차한다.

철도 Trains
동해북부선이 2027년 개통예정이다. 양양역 위치는 옛 양양역 위치인 양양읍 송암리이다. 양양역에서 속초역을 거쳐 경춘선을 타고 용산역으로 간다.

산업 Industry

2023년 통계로, 양양 방문객 수는 1388만명을 돌파했다. 인구는 3만이 안되지만 생활인구가 7만5천 여 명으로 분석되었다. 통계가 보여주듯 양양에서 관광업은 전체 산업 규모의 60% 이상을 차지한다. 이어 수산업, 농업, 제조업 순이다. 바다에서 다양한 어종의 수산물이 생산되는데 오징어, 미역, 다시마 등이 대표적이다. 농작물로는 쌀, 보리, 콩, 옥수수 등의 작물이 재배된다.

축제 Festivals

양양송이연어축제 10월 초
1997년부터 이어온 양양의 대표축제인 송이축제와 연어축제가 통합되어 2023년부터 양양송이연어축제가 됐다. 남대천 일원에서 4일간 개최되며 연어 맨손 잡기, 연어 요리 시식 등 다양한 체험 프로그램과 문화행사가 진행된다.

양양 그란폰도 4월
양양의 수려한 자연경관을 널리 알린 자전거 대회. 그란폰도(granfondo)는 이탈리아어로 'long distance or great endurance'라는 뜻으로 자전거를 이용한 비경쟁 방식의 동호인 대회를 의미한다. 2000명이 넘게 참가해 화제였던 지난 '2024 양양 그란폰도'는 남대천, 동해바다, 설악 한계령을 배경으로 하여, 산·강·바다를 모두 지나는 환상적인 코스로 구성되었다.

2024 양양 강변 전국 마라톤 대회
올해로 3회째를 맞이하는 '2024 양양 강변 전국 마라톤 대회'는 9월 28일(토) 열리며, 남대천과 낙산해변, 동호해변을 두루 즐길 수 있는 코스로 운영된다. 일반부는 하프(Half), 10km, 5km, 남대천길 걷기 행사로 진행된다. 특히, 올해는 일반부 하프와 10km 코스에 남대천을 도는 순환코스를 추가하여 참가자들이 다채로운 남대천의 경관을 맘껏 즐길 수 있다.

그랑블루 페스티발 10월
2017년 시작된 해변 영화제로, 2020년, 2021년을 제외한 매년 10월에 죽도 해변에서 이어지고 있다. 영화 '시월애', '그대안의 블루'를 연출한 이현승 감독이 총지휘를 맡았다. 해변과 하늘 사이에 놓인 스크린, 모래사장 위 관객들은 자유롭게 영화와 바다를 감상하며 즐길 수 있는 낭만적인 영화제이다.

인물 Celebrities

의상대사
신라시대의 승려로, 당나라에서 유학한 후 신라로 돌아와 양양군 대표 명승지, 낙산사를 창건했다.

하륜과 조준
양양 8경 중 5경인 하조대는 이 두 사람의 성을 따 명명한 것이다. 하륜과 조준은 조선의 개국공신으로 고려 말 이곳에 피신해 와 한동안 은거했다. 하조대는 낙산사의 의상대와 함께 일출 명소로 유명하다.

조화벽 지사
무남독녀로 양양면 남문리에서 태어난 조화벽은 개성 호수돈 여학교를 다니며, 교사와 학생들로 구성된 비밀 독립운동단체 '호수돈 비밀결사대'에 가입했다. 개성에서 독립만세운동이 벌어지자 휴교령이 내려지고, 조화벽 지사는 고향에 독립만세운동의 불씨를 전달하기 위해 직접 필사한 3·1 독립선언서를 가방 안의 버선목에 숨겨 양양으로 돌아왔다. 이후 1923년 유관순 열사의 오빠이자 독립운동가 유우석과 결혼하고 교사로 재직한다. 1982년 대통령 표창을, 1990년 건국훈장 애족장을 추서 받았으며 오늘날 춘천의 유희순 의병장, 철원의 곽진근 지사와 함께 강원도의 3대 여성 독립운동가로 꼽히고 있다.

특산물 Local Products
양양에서 생산되는 농작물이 맛이 좋은 이유는 물이 좋고 공기가 맑아서이다. 특히 해풍을 맞으며 자란 과일과 농산물, 잡곡은 양양에 가면 꼭 챙겨 먹길 대표적으로 양양 쌀 '해뜨미'는 기억해야 할 로컬브랜드 중 하나다.

송이버섯
양양은 예부터 '송이의 고장'이었다. 소나무 아래에서만 자라며, 낮 기온이 26도를 넘지 않고 밤 기온이 15도 이하로 떨어지지 않아야 하며, 한번 난 자리에는 다시 나지 않는 까다로운 식재료인 만큼 귀하고 값지다. 양양송이는 다른 지역의 송이에 비해 수분 함량이 적고, 향이 풍부해 전국 최고 품질로 알려져 있다. 전통시장 근처에 송이를 다루는 상점이 모여 있다.

연어와 은어
남대천에서 태어난 연어는 북태평양에서 치열하게 성장한 후 동해를 거쳐 양양 남대천으로 돌아온다. 돌아온 연어는 남대천에 알을 낳고 삶을 마감한다. 무려 2만km를 헤엄쳐 남대천으로 다시 돌아오는 회귀본능의 비밀을 가진 연어는 이제 양양의 상징물이 됐다. 양양에서 남대천산 연어회나 구이를 맛보기는 힘들지만 은어는 기대해 봄 직하다.
은어가 돌아오는 5월의 금어기를 지나면서, 6월 초부터 은어 낚시를 즐기는 강태공들을 남대천 곳곳에서 만나볼 수 있다. '수중군자'라고 불리는 '은어'는 맑은 물에서만 서식하는 청정어종으로 그윽한 수박향과 함께 담백하고 고소한 맛이 일품이다. 은어튀김, 은어구이, 회 등을 토속식당에서 즐길 수 있다.

낙산배
양양에서 재배되는 배를 '낙산배'라고 하는 이유는 인근에 낙산사가 위치해 있어서이다. 서면과 양양읍에 재배 농가가 밀집해 있으며, 조선 초기 <세종실록 지리지>에 양양 특산물로 배가 수록되어 있을 정도로 낙산배는 역사가 있다. 당도가 높고 과즙이 풍부하며, 아삭한 식감이 특징이다.

대표 음식 Food&Dining
양양을 대표하는 9가지 음식, '양양9미' 중 1미는 송이버섯, 2미는 양양한우다. 산채요리, 홍합장칼국수, 회냉면, 생선회, 섭국, 뚜거리탕, 메밀국수 등 9가지의 음식은 토속적이면서도 현대인의 입맛에도 잘 맞는다.

버섯전골
송이버섯과 소고기, 각종 채소를 함께 끓여낸 전골로, 송이버섯의 향과 소고기의 부드러운 식감이 어우러져 맛과 영양이 풍부하다. 표고버섯을 넣은 칼국수도 향이 좋은 토속음식이다.

메밀막국수와 냉면, 칼국수
메밀막국수는 메밀로 만든 면과 육수, 양념장, 채소를 함께 먹는 음식으로, 시원하고 깔끔한 맛이 특징이다. 막국수집에서는 냉면도 함께 내며, 수육, 두부, 전병, 감자전 등도 함께 즐길 수 있다. 맵고 칼칼하게 끓여낸 장칼국수도 강원도 면 요리 중 하나다. 섭, 버섯 등 특산물을 올린 장칼국수는 지역의 맛을 잘 담아낸다.

물회와 해산물 요리
오징어, 가자미 등의 생선과 채소, 고추장 등 함께 섞어 먹는 물회와 생태찌개, 해물전골 등을 신선하게 즐길 수 있다.

섭과 째복 요리
자연산 섭(홍합)을 넣고 끓인 섭국, 흔하게 잡히는 째복(민들조개)으로 끓인 탕과 전을 즐길 수 있다. 째복은 백합과 조개로 3~5cm 크기의 둥근 삼각형 모양으로 강원도 해안가에서 흔하게 보인다. 회백색 껍데기에 거미줄 모양의 예쁜 무늬를 하고 있으며 얕은 바다 밑 모래에 살며 5월부터 맛이 들기 시작하는데 6월 산란기 직전 가장 맛이 좋다.

뚜거리탕과 민물생선 요리
뚜거리는 망둑엇이며 강바닥에 붙어사는 민물고기로 남대천에서 많이 잡힌다. 고성 지역에서는 꾹저구탕이라고도 불린다. 손질한 후 양념과 고추, 파, 마늘 등을 넣고 끓이면 추어탕과 비슷한 맛이 난다.

술 Drinks
오래된 전통 막걸리 양조장은 없지만, 작은 양조장인 '양양술곳간'에서 2020년부터 전통주를 빚고 있다. 양양에서 만드는 로컬 비어는? 양양을 대표하는 수제맥주는 아직 없지만, 하조대에 있는 싱글핀 에일웍스에서 수제맥주를 만들고 있다. 브루어리는 속초에 있다.

시장 Local Market

양양전통시장
양양군 양양읍 남문5길 9에 위치한 전통시장으로, 매월 4일, 9일, 14일, 19일, 24일, 29일에 5일장이 열린다. 장날이면 입구부터 남대천을 따라 노점상이 진을 치는데 그 풍경이 외지인의 구미를 당긴다. 곡물과 산채류, 버섯과 과일 등 시즌 별 다양한 특산품을 합리적인 가격에 구매하고, 현지인 단골식당을 찾아 맛있는 식사를 한 후 남대천 산책까지 한다면 찐한 로컬여행 완성!

플리마켓 Flea Market
작지만 재미있는 플리마켓이 다양한 곳에서 열린다. 양양송이조각공원에서 하는 양양 뚝방마켓(양읍 송암리 505-3)은 매월 첫째, 셋째 주 토요일과 일요일에 열리는 마켓으로 오전 10~5시까지 운영한다. 매월 둘째 넷째 주 토, 일에는 후진항에서 양양비치마켓이 열린다. 오전 9시부터 6시까지. 그 외에도 젊은이가 많이 몰리는 인구해변의 '떠날준비플리마켓' 그리고 하조대선셋마켓 등, 특색있는 작은 시장에서 현지인과 교류하며 소소한 재미를 챙길 수 있다.

여행의 조언 Travel Tip
여행 가기 전, 또는 여행 후 양양 여행이 좀 더 풍요로워지는 비법

고고양양
양양 여행의 모든 것이 담겨져 있는 앱이다. 숙박, 여행코스, 맛집, 체험 등 여행객을 위한 필수 정보가 총망라되어 있으며 특히, 서핑을 목적으로 양양에 방문한다면 꼭 다운받아야 하는 필수 어플이다. 서핑숍 할인, 서핑버스 할인, 요가, 랜드서프, 서프아트 무료 체험 등의 혜택이 있으며 실시간 파도 현황을 볼 수 있는 라이브캠 서비스도 제공한다. 스마트폰 하나로 관광지와 서핑, 관광체험, 카페 등을 예약결제 할 수 있으며 택시, 숙박 예약도 가능하다.

양양몰
양양에서 직접 생산한 농·특산물과 가공품을 만날 수 있는 양양군 공식 온라인몰이다. 프로모션 기간 중 발행하는 쿠폰이나 정기배송 할인을 통해 저렴하게 신선한 먹거리를 구매할 수 있으니 양양에서 좋은 기억이 있다면 회원가입 필수!
www.yangyang-mall.com

베스트 시즌
무엇을 하러 가냐에 따라 각각의 베스트 시즌이 있다. 벚꽃놀이를 좋아한다면 벚꽃시즌에 가야하듯 스쿠버가 목적이라면 한여름보다는 수온이 따뜻해지는 9월부터 방문하는 것이 베스트다. 서퍼들은 양양 파도가 제일 좋을 때는 사실 여름보다는 겨울이라고 말한다. 그러나 겨울 바다는 수온이 차 사람이 많이 오지 않으므로, 이에 따라 많은 서핑숍이 문을 닫는다. 그러므로 강습이 필요한 초보 서퍼라면 5, 6월부터 7월 중순 이전 해수욕장이 오픈하기 전, 또는 8월 말부터 9월에 방문하면 비교적 덜 붐비는 바다를 즐길 수 있다. 설악산은 사계절 아름답지만, 대중적으로는 단풍시즌이 가장 인기가 있다. 특히 주전골 트레킹 코스는 이때에 절경을 이룬다.

설악산과 오색케이블카
설악산은 2월~5월, 11~12월까지 입산통제 기간이다. 등산을 계획한다면 국립공원 홈페이지를 미리 확인하자. 한편, 41년 만에 첫 삽을 뜬 오색케이블카가 '핫'이슈다. 오색리66번지에서 끝청(1,460m)까지 이어지는 케이블카는 2027년 완공 예정이며 총길이 3.3km 가운데 상부쪽 2km 구간에서 동해를 조망한다. 상부 정류장에는 수 백 미터 길이의 무장애산책로가 조성된다. 설악산 등반을 하지 않고도 편하게 아름다운 설악산을 관람할 수 있다.

양양웰컴센터
양양읍 일출로 570에 위치한 양양웰컴센터는 양양군민의 여가활동과 문화생활을 위한 시설로 여행자도 시설과 서비스를 활용할 수 있다. 1층의 '책마루'는 핸드폰 충전을 하거나, 양양 관련 정보 책자를 보면서 쉬어갈 휴게공간이다. 3층에는 카페, 양양작은영화관이 있고, 2층의 양양로컬푸드마켓인 '매일 아홉시'에서는 양양을 떠나기 전 기념품 구입에 참고하면 된다.

양양여행의 모든 것
양양 관광정보는 여기! tour.yangyang.go.kr
고고양양(Gogo Yangyang) 앱 그리고
《당신이 모르는 그곳, 양양》한권이면 여행준비 끝!

Before You Go
아는 만큼 보인다

양양에 대해 더 알고 싶다면? 이 도시의 과거부터 미래까지.
텍스트와 영상에서 만나는 양양의 속살.

Editor 편집부

BOOK

순이
이경자 지음 | 사계절 | 2010년

양양 출신의 소설가 이경자가 쓴 작품으로 제1회 민중문학상 본상을 수상한 바 있다. 전쟁을 겪어 낸 6세 아이 '순이'는 전쟁과 가난으로 궁핍하기 그지없던 시절. 순수한 영혼을 가진 아이의 모습이자 그 시절 대한민국, 1950년대 초반, 대한민국 양양의 모습을 보여준다. 양양의 지정학적 운명을 더듬어 볼 수 있는 작품이다.

서핑하는 정신
한은형 지음 | 작가정신 | 2023

번아웃된 도시인이 유산으로 받은 양양의 해변 근처 아파트에서 일주일간 지내다 우연히 하게 된 서핑으로 삶의 태도가 바뀐다. 주인공은 이야기한다. 바다로 나가 파도를 기다리고, 파도가 오면 내가 타야 할 타이밍을 잡아 파도를 타는 것이 서핑이라면 저자는 파도를 타기 전, 타는 중, 그리고 타고 나서의 변화한 삶 모두가 서핑이라고. 인생이라는 보드 위에서 서핑하는 우리 모두의 삶에 대한 이야기.

동쪽의 밥상
엄경선 지음 | 온다프레스 | 2020

동쪽의 바다, 물고기, 사람에 관한 이야기 바다에서 나는 서른 가지 물고기의 사연으로 이야기하는 음식 생태 산문집이다. 영동 지방의 음식과 식재료, 예를 들면 가자미, 식해, 순채, 갯방풍, 도루묵, 명태, 오징어, 도치, 섭 등 동해안 지역의 식재료와 음식에 관한 스토리가 잘 담겨있다. "가장 맛있는 것은 이제는 먹을 수 없는 것이다"라는 저자는 그 가장 맛있었던 서른 가지의 그리운 사연을 담아두었다. 강원도를 좋아하는 여행자라면 챙겨봐야 할 도서다.

서울에 묻고, 양양이 답하다
속초양양교육지원청 지음

양양의 청소년이 꿈과 현실에 대한 이야기를 서울과 양양의 명소를 다니며 풀어나가는 기행문이다. 서울에 대한 동경과 고향의 현실을 바라보는 솔직한 시선이 담겨 있으며 또래 친구와의 여행, 함께 보내는 밤, 대화, 식사를 통해 자신과 친구들에게 전하는 진솔함이 담겨 있다. 멘토 선생님과의 격의 없는 대화로 입시와 진로 등에 대한 편견이나 아쉬움을 극복하는 과정도 담겨 있다.

양양에 귀촌했습니다
전옥랑 지음 | 하모니북 | 2024

서울 토박이로 살다가 귀촌을 결심하고 8개월 만에 서울 생활을 정리한 이야기. 2019년 가족이 양양으로 이주한 저자의 양양 생활기를 담았다. 세 아이와 함께 양양 생활을 누리며 지역에 작은 활기를 불어넣고 있는 저자를 통해, 귀촌의 삶이 궁금한 독자나 귀촌을 계획하고 있는 이에게 길잡이가 될 것이다.

서울이 아니라면 나는 무엇을 할 수 있을까
김희주 지음 | 일토 | 2022

강원도 여행길에 우연히 들른 양양의 모델 하우스에서 덜컥 집을 계약했다. 입주까지 남은 기간은 2년. 기자와 기획자로 10여 년의 경력이 있었지만, 서울이 아닌 곳에서 무엇을 할 수 있을까 생각하면 답을 찾을 수 없었다. 지역에서 밥벌이하면서 삶의 균형점을 찾으려 애쓰는 이야기이자 흥망성쇠를 담은 에세이. 희망찬 미래를 담보하지 않는데도 왠지 희망차게 느껴진다. 나에게 맞는 삶을 꿈꾸는 사람을 위한 이야기.

양양 휴
원문규 지음 | 종려나무 | 2018

강원도 설악산 대청봉을 진산으로 삼고 살아가는 양양 사람들의 일상적인 삶을 시로 이야기하고 있다. 또한 그곳 사계절의 아름다운 정취를 발로 뛰어다니며 찍은 사진이 돋보인다.

매거진 East
엄경선 지음 | 온다프레스 | 2020

강원창조경제혁신센터에서 발행하는 계간지로 강원도 곳곳의 콘텐츠를 모아 한권의 책으로 묶었다. 매거진 East는 강원도에서 자신만의 일을 만드는 사람들을 탐구하고 이를 통해 지역에서의 일과 삶에 대한 인사이트를 던지는 책이다. 강원도와 강원도에서 살고 있는 청년들의 삶이 궁금하다면 읽어보길 권한다. 2023년 12월 발행분까지 총 10권이 나와있다.

아는동네 아는강원1
어반플레이 | 2019

아는동네 시리즈의 다섯 번째 호로 2019년 발간된 책이다. 양양을 비롯한 강원도 6개 시군을 통합적으로 비교하면서 가볍게 읽어볼 만 하다. 외지인의 시선에서 관광 정보를 담은 'Travel' 섹션, 그리고 지역 안에서 살아가는 사람과 역사의 이야기를 담은 'Local' 섹션으로 두가지로 구분해 담았다.

MOVIE

죽도 서핑 다이어리
이현승 감독 | 전혜빈, 정태우, 오광록, 박호산 주연 | 2019년

시월애, 그대안의 블루 등을 만든 이현승 감독은 누구보다도 양양을 사랑한다. 현지인으로 산지 이미 오래고, 매년 해변 영화제 그랑블루페스티벌도 이끌고 있다. 그가 경험한 죽도해변의 경험을 녹여 파도와 사람들의 이야기로 영화를 만들었다. 서핑으로 유명한 죽도해변, 12살 소녀 서퍼 비주가 만난 다양한 사람들, 해변에서 캠핑 중인 수정, 오랫동안 그곳을 떠나 있다 돌아온 정용이 등장한다. 파도가 있는 날은 모든 것을 내팽개치고 미친듯이 서핑을 하는 죽도 서퍼들의 삶과 이야기를 통해 양양의 서핑이라는 키워드를 이해할 수 있다.

TV DRAMA

한국인의 밥상
그 여름의 바닷가, 추억은 계속된다

2023년 9월에 방송된 '한국인의 밥상' 시리즈에 양양의 사람들과 음식 이야기가 담겼다. 특히 2005년 대형화재로 상권이 무너진 낙산해수욕장을 중심으로, 서핑으로 만나 인연을 맺은 한 부부를 조명했다. 과거 번성했던 여름 바다의 추억을 간직하고 사는 마을사람들과 새로운 이야기를 만들어가는 양양 서퍼들의 여름이 담겨 있는 푸드멘터리다.

한국인의 밥상
대대로 내려온 황룡마을 사람들의 휴식 밥상

2023년 8월에 방송된 양양 황룡마을 이야기. 5월까지 얼음이 남아있을 정도로 찬 기운이 도는 얼음골에 모여 족대를 들고 잡은 꺽지와 피라미로 요리한 '도리뱅뱅' 그리고, 마을 뒷산에서 채취한 더덕, 당귀를 넣어 푹 고아낸 '산당귀더덕백숙'까지. 계곡 그늘에 앉아 함께 요리한 음식을 나누어 먹는 황룡마을 사람들의 피서 이야기가 담겨있다.

전현무계획
강원도 맛집-양양 오일장

MBN의 '전현무계획'에서 전현무와 곽튜버가 홍천, 양양, 속초 등의 강원도 도시를 방문했다. 양양에서는 오일장의 풍부한 식재료를 구경하고 토속적인 식당을 찾는 여정을 보여준다. 녹차 호떡, 쇠미역 튀김에 반하고 직접 구매하기도 했다. 또한 제철 나물인 '전호'로 만든 전호 튀김과 전호전을 파는 식당에서 막걸리까지 페어링해 강원도의 봄을 만끽했다.

The Inspiration
양양의 오래된 미래

여기, 저마다 다른 기억으로 '양양의 오래된 미래'를 기억하는 이들이 있다. 문인들의 문장으로 만나는 양양의 보드라운, 때론 거친 풍경들!

Editor 이비 **Photographer** 이규열

안에 들어간 이는 인간세상이 어떤 곳인지 모를 만큼 황홀하고 하늘로 날아오른 느낌을 받는다. 이곳을 한 번 거친 이는 저절로 딴 사람이 되고 10년이 지나도 그 얼굴에 산수자연의 기상이 서려 있게 된다. 그중에서도 으뜸은 한계령(오색령)이다.

- 1751년 이중환 〈택리지〉

* 한계령을 양양에서는 오색령이라 부른다. 양양과 인제를 잇는 고갯길로 대한민국 최고로 아름다운 드라이브길 중 하나다.

저 산은 내게 우지 마라
우지 마라 하고
발 아래 젖은 계곡 첩첩산중
저 산은 내게 잊으라
잊어버리라 하고
내 가슴을 쓸어내리네

아 그러나 한 줄기
바람처럼 살다가고파
이 산 저 산 눈물
구름 몰고 다니는
떠도는 바람처럼
저 산은 내게 내려가라
내려가라 하네
지친 내 어깨를 떠미네

– 1985년 〈한계령〉 양희은 노래, 하덕규/정덕수 작사, 하덕규 작곡

* 오색 토박이 정덕수 시인이 10대에 쓴 시에 시인과 촌장 하덕수가 곡을 붙여 한계령이란 명곡이 탄생했다.

새벽부터 고속도로를 달려보기는 처음이다. 비통한 마음으로 새벽부터 절로 향하기는 처음이다. 강릉에서 양양 가는 도로변의 산은 듬성듬성 화마가 할퀴고 간 상처가 또렷하다. (중략)

현장을 뒷수습하는 자원봉사자들이 보인다. 그들은 참배를 온 나그네 같은 사람들을 오히려 위로한다. 참배하는 이들에게 따뜻한 종이잔 커피를 내밀고 있는 것이다. 나그네는 그들에게서 관세음보살의 마음을 읽는다. (중략) 나그네는 장내를 천천히 걸어 내려가 바닷가에 있는 홍련암으로 가본다. 다시 콧잔등이 시큰거린다. 삼십여만 평의 낙산사가 전소되는 가운데 다섯 평짜리 홍련암만이 화마가 비껴갔다니 도대체 믿겨지지 않는다. (중략) 사람들은 이것을 보고 기적이라 할지 모른다. 그러나 인과(因果)를 믿는 이에게 기적이란 말은 부적절하다. (중략) 홍련암에는 일찍이 천년 전 의상대사가 보았고, 최근에는 경봉스님이 보았다는 관음보살이 상주하고 계신 것이다.
　－2005년 정찬주 《나를 찾는 암자여행》

* 2005년 4월에 있었던 낙산사 화재 후 이를 안타까워 하며 정찬주 작가가 쓴 글이다. 작가의 조언은 다음과 같다.
"홍련암은 의상대에서 가까운 거리에 있는데 암자에서 일출을 보려면 봄철의 경우 오전 4시 30분 정도까지는 암자에 도착해야 한다. 일몰은 게으른 사람도 볼 수 있지만, 일출은 부지런하지 않으면 볼 수 없음이다." －104p－

한계령을 위한 연가

한겨울 못 잊을 사람하고
한계령쯤을 넘다가
뜻밖의 폭설을 만나고 싶다
뉴스는 다투어 수십 년 만의 풍요를 알리고
자동차들은 뒤뚱거리며
제 구멍들을 찾아가느라 법석이지만
한계령의 한계에 못 이긴 척 기꺼이 묶였으면

오오, 눈부신 고립
사방이 온통 흰 것뿐인 동화의 나라에
발이 아니라 운명이 묶였으면

이윽고 날이 어두워지면 풍요는
조금씩 공포로 변하고, 현실은
두려움의 색채를 드리우기 시작하지만
헬리콥터가 나타났을 때에도
나는 결코 손을 흔들지는 않으리
헬리콥터가 눈 속에 갇힌 야생조들과
짐승들을 위해 골고루 먹이를 뿌릴 때에도…

시퍼렇게 살아 있는 젊은 심장을 향해
까아만 포탄을 뿌리던 헬리콥터들이
고라니와 꿩들의 일용할 양식을 위해
자비롭게 골고루 먹이를 뿌릴 때에도
나는 결코 옷자락을 보이지 않으리
아름다운 한계령에 기꺼이 묶여
난생 처음 짧은 축복에 몸 둘 바를 모르리

- 2009년 문정희 〈지금 장미를 따라〉 중

* 1947년생, 전남 보성이 고향인 문정희 시인은 동국대를 졸업하고 23세인 1969년에 등단하여 70년대 초반부터 왕성한 작품활동을 했다. 관능의 시인, 생명주의 시인, 자유의 시인 등 수많은 수식어가 따라다닌다. 서울 강남구에 문정희 시인길이 조성되어 있다.

남문리 우시장(牛市場)

그대가 다친 바람을 데리고
남문리를 헤매던 날
우시장 근처에 내리는 비는
깨어진 종소리처럼 내려서
수천 마리 소 울음을 들끓게 하고
남대천 돌다리에 닿고 있다.

잠든 사람은 잠들어도
몸이 아픈 이웃들은 흉년의 옷을 빨아 널고
우시장 쪽으로 열어놓은 그들 불면의 귀가 젖고
있다.
지고 나면 새 집이 늘고
누가 새로운 죽음이 되어 산으로 가는가.
바람맞이 언덕 나무를 모두 찍어내도
남대천 물빛은 흔들리고
비로소 떨어지는 이파리 하나씩의 무거움,

그대가 저물도록 남문리 모든 길을 돌아
우시장 근처에 이르면
비는 폭력처럼 내려서
들끓는 소 울음을 쓸어낸 후
빈 말뚝과 말뚝 사이
어디에 그대를 비 맞게 하겠느냐
— 2019년 이상국 〈국수〉 중

* 이상국 시인은 1946년 생, 양양 출신의 시인이다. 40년 간 한결같이 역사의 상처를 쓰다듬는 깊은 향기를 지닌 시를 써왔다. 1976년 [심상]에 '겨울 추상화'를 발표하면서 등단해 〈동해별곡〉, 〈내일로 가는 소〉, 〈우리는 읍으로 간다〉 〈집은 아직 따뜻하다〉 등을 발표했다. 남대천변의 양양읍 남문리에는 현재에도 양양전통시장이 성행하고 있으며, 4/9일마다 오일장이 선다.

〈고야꽃 핀 마을〉

내 고향 7월은 '고야(오얏, 꽤)'가 익어간다. 자두보다 작은 열매인데 하얀 꽃이 흐드러지게 피었다가 질 무렵이면 파란 열매가 맺힌다. 초록 잎 속에 다글다글 숨어있는 고야 열매는 오뉴월 뜨거운 햇살을 받아 굵어지면서 노르스름한 색으로 변하기 시작한다.

울타리 사이를 비집고 자란 고야나무 아래로 간다. 고무신을 벗어놓고 가지를 타고 올라가기도 하고 돌멩이를 던져 따기도 한다. 그렇게 딴 고야를 옷자락에 담아 샘물가로 가서 씻어 먹는다. 얼음처럼 시린 샘물에 씻은 빨긋한 고야를 입에 한 움큼 넣고 오물거리면 달콤한 맛이 입안 치아 사이사이에 가득 퍼진다.

"장마가 지면 싱거워 진다. 장마 지기 전에 많이 따 먹어라" 조무래기들이 고야나무 아래에서 안간힘을 쓰며 고야를 따는 걸 보며 어른들께서 하신 말씀이다. 장마 진 뒤에 남은 고야는 싱겁기만 하다. 장맛비에 달콤한 맛이 씻겨 버린 탓이다. 그 싱거운 고야마저도 장마 뒤에는 구하기 어렵다. 장맛비에 고야는 대부분 떨어져버리기 때문이다.

그마저도 몸 아픈 할아버지가 병원에 있고 할머니도 들일에 바빠 비어있는 집 울타리의 고야는 다 익어 떨어질 때까지 아무도 따먹지 않는다. 예전에 동네 조무래기들이 많이 살 때에는 고샅길 지나다가 빨간 고야만 보면 돌맹이도 던져보고 밑동을 잡아 흔들기도 했지만 이젠 아이들의 와자지껄 떠드는 소리는 고샅길이 아닌 TV 화면을 통해서만 볼 수 있다.

빨간 고야의 달콤새콤한 맛과 함께 어린 시절의 추억이 떠 오른다. 달콤하지 않았던 기억조차도 세월의 흐름 속에서 빨갛게 익어 달콤새콤한 추억이 되어 되살아 난다.

고야는 맛과 모양이 영락없이 자두를 닮아 이씨(李氏)의 성씨(姓氏)가 탄생하게 된 배경에 있는 나무라고 한다. 그래서 자두(오얏, 李)와 사촌인 토종 자두나무이다.

자두(紫桃) 또는 이(李)는 글자대로 복숭아 모양의 붉은 자주빛 과일로 예기(禮記)에는 "복숭아와 오얏, 살구, 매실을 임금께 진상했다."는 기록이 있다. 고려가요 '동동'(動動)에는 사랑하는 님을 보름달 아래 활짝 핀 오얏나무에 비유했다. 오얏나무가 풍요와 위엄의 상징이었기 때문이다. 특히, 조선시대를 거쳐 대한제국이 들어서면서부터 오얏꽃은 왕실을 대표하는 문장(紋章)으로 사용하기도 했다.

서면 공수전리 국도변을 지나다보면 '자두마을' 안내 간판이 이채롭다. 예부터 이른 봄 오얏나무 꽃이 마을 가득히 피어나 산골마을 인심과 어우러진 정겨운 마을이다. 올 해부터 자두축제가 열린다. '오얏 꽃 핀 마을'에 들어서면 가슴이 울렁거린다. 그래서 자두축제가 기대된다. 나는 고야 열매가 사랑스럽다.
(2009.6.30.)

- 김진하 〈새벽〉 중

* 1960년생으로 손양면 가평리에서 태어났다. 양양군청 문화관광과장을 거쳐 2014년부터 양양군수로 재직 중이다. 국어국문을 전공한 글솜씨와 양양에서 어린 시절을 보낸 감성으로 엮은 다수의 수필들에서 양양의 옛모습과 숨겨진 이야기들을 만날 수 있다.

ON THE MOVE
[마음껏 돌아다니다]

여행의 기술

양양, 서핑말고 또 뭐가 있어? 많은 이들의 질문이다.
편집부도 그랬다. 서핑말고 양양의 진짜 매력찾기가 시작됐다.
어렵지 않게 양양의 보석을 찾을 수 있었다.
기분 좋은 동해안 드라이브 중 잠시 스쳐가는 도시가 아닌,
꼭 '양양'이어야만 하는 곳들!
이 책을 덮고나면 당신의 네비게이션에
열 개 이상의 양양 목적지가 생길 것이다.

Editor 조은영

01. Classic

02. Activity

03. Walk

04. Healing

05. Art

01
Classic
변하지 않는 가치, 양양 땅

눈을 들어 양양 '땅'을 바라보라

무엇을 찾아 양양에 왔느냐고 물으면 대부분 사람은 바다를 가리킨다. 하고 많은 바다 중 왜 하필 양양의 바다일까? 양양을 새롭게 발견하기 위해 떠난 여행 내내 이 질문이 내 머릿속을 떠나지 않았다. 이제껏 내게 양양은 강릉이나 속초로 가기 위해 거치는 '길목'일 뿐이었다. 하지만 그 어느 지역도 단지 '길목'인 곳은 없다. 이번 여행, 나는 양양을 '길목'이 아닌 소중한 목적지 '바로 그곳'으로 정하고 출발하였다. 양양 '땅'의 가치를 확인하기 위해서다.

여행은 바다가 아닌 설악산 자락에 자리한 진전사 터부터 시작되었다. 행여 마주 오는 차가 있을까 마음 졸이며 좁은 길을 한참이나 올라가니 삼층석탑이 먼저 눈에 들어왔다. 지금은 높이 500여 미터의 삼층석탑만 덜렁 서 있지만, 탑 주변에는 절 건물이 있었을 법한 넓은 터가 펼쳐져 있다. 진전사는 남종선(南宗禪)을 들여와 신라 불교에 새로운 변화를 일으킨 도의선사가 창건했다. 그는 821년 당나라에서 선법을 이어받아 신라로 왔다. 하지만 교종만 숭상하던 당시 신라 불교는 참선으로 깨달음을 얻는 선종을 받아들일 준비가 되어 있지 않았다. 도의는 진전사에서 제자들에게 선법을 전하며 40년 동안 수도했다. 진전사는 신라에 선종이 퍼져나가는 구심점이었다고 볼 수 있다. 번잡한 곳을 벗어나 고즈넉한 산속에 자리하여 선종 불교의 수도 장소로 알맞아 보이는 진전사는 고려 중기 〈삼국유사〉를 쓴 일연 스님이 출가한 절이기도 하다. 조선 초기에 폐사된 것으로 추정되지만 그 자리는 삼층석탑과 도의선사탑이 지키고 있었다. 덕분에 지금의 복원 불사가 가능해졌다.

바닷가에 드러나 있는 낙산사의 역사는 진전사보다 더 깊다. 의상대사가 관세음보살의 진신을 접하고 낙산사를 창건한 때는 삼국 전쟁이 채 마무리되기 전인 671년이었다. 낙산사는 바닷가 언덕 석굴에 숨어 있는 홍련암에서 비롯되었다고 할 수 있다. 의상이, 바다 위에 솟아오른 홍련(紅蓮) 가운데 나타난 관세음보살을 만난 곳이 이 석굴 앞이기 때문이다. 홍련암 법당은 마루 밑으로 출렁이는 바닷물을 볼 수 있도록 지어졌다. 의상에게 여의주를 바친 용이 불법을 들을 수 있도록 배려한 것이라 한다. 홍련암으로 가는 길에 만나는 바위 절벽 곳곳에는 해당화가 때마침 수줍게 피어 있다. 아스라한 절벽 위 드문드문 피어 있는 분홍빛 해당화를 보노라니 신라 향가 '헌화가'가 떠올랐다. 그 시가에서 수로부인을 유혹했던 절벽 위 꽃이 철쭉이 아니라 해당화가 아니었을까? 관리의 부인이 행차 중 염치 불구하고 꽃을 탐했다는 정황이 이해될 정도로 해당화는 절벽과 어우러져 고혹적인 장면을 이루고 있다.

하조대의 기암괴석 절벽도 일품이다. 조선의 개국 공신 하륜과 조준의 성을 따서 붙였다는 이름, 하조대. 더러는 혁명을 논하던 곳이라고도 하고 더러는 숨어 살던 곳이라고도 한다. 또 말년에 휴양하던 곳이라는 얘기도 있다. 그 두 사람처럼 동해의 절경을 보며 머릿속을 정리하는 것은 잠깐, 내 눈길은 바닷가를 따라 펼쳐진 기암괴석 절벽으로 향한다. 고맙게도 둘레길이 만들어져 바다 쪽에서 하조대의 백미인 바위 절벽을 감상할 수 있다.

여행의 마지막 일정으로 양양의 남쪽 끝 남애에 이르렀다. 남애는 배창호 감독의 영화 '고래사냥'의 주인공이 우여곡절 끝에 도달한 곳이다. 영화의 유명세 때문인지 곳곳에 고래 조형물이 서 있다. 해안 작은 암봉 위에서 거친 해풍과 맞서고 있는 소나무 사이로 올라가면 말굽 모양의 스카이워크가 있다. 그 유리 바닥을 통해서는 깎아지른 절벽과 푸르다 못해 검게 보이는 바다가 훤히 내려다보인다. 남애에서는 고래를 만날 수 없다. 그런데 스카이워크를 돌아 나오는 내 눈에 놀라운 장면이 들어왔다. 멀리 해안도로 건너에 있는 작은 산이었다. 그 산 정상에는 소나무 한 그루가 우뚝 서 있는데 산과 소나무의 모습이 마치 거대한 고래가 등에서 물을 내뿜고 있는 형국이었다. 영화에서는 우리의 마음속에 예쁜 고래가 있다고 했다. 하지만 남애에는 정말 커다란 고래가 우리를 기다리고 있었다. 다만 눈을 들어 멀리 바라볼 때, 마음을 활짝 열어젖힐 때만이 그 고래를 만날 수 있다.

양양이 특별한 이유

양양은 해방 전 북한의 안변까지 이어지는 동해북부선 철도의 시작점이었다. 종착역이 아니라 굳이 '시작점'이라고 한 이유는 따로 있다. 이 노선은 금강산 유람객이 주로 이용했는데 출발 전 그들의 들뜨고 북적거리던 모습이 바로 양양의 추억이기 때문이다. 분단으로 이 노선은 끊겼고 예전 양양역이던 자리에는 석재공장이 들어서 있다. 동해북부선 기차 운행의 흔적은 거의 찾아볼 수 없지만 나는 이 노선이 부활하는 날을 고대한다. 그날은 통일이 눈앞에 다가오고 양양이 금강산 유람객들로 다시 한번 들뜰 날이기 때문이다.

글을 마무리 지으며 처음의 질문으로 돌아간다. 사람들은 왜 양양의 바다를 찾는 것일까? 그 이유는 양양 바다 앞에 아름다운 '땅'이 있기 때문이다. 양양의 바다에 이르거든 뒤를 돌아, 또 눈을 들어 양양의 '땅'을 살펴볼 일이다. 역사 깊은 사찰을 품은 설악산이 있고 바닷가에는 신비로운 절벽이 있으며 그 절벽에는 전설 속 암자가 숨어 있다. 눈을 들어 보아야 절벽에 곱게 핀 해당화도 보인다. 멀리 보아야 힘차게 바닷물을 뿜어내는 고래 형상도 볼 수 있다.

돌아갈 집이 있어야 여행이 즐거운 것처럼 바다가 아름다운 것은 육지가 가까이 있을 경우에만 해당한다. 일상 탈출이 행복한 것은 나를 다시 받아줄 일상이 있기 때문이다. 바로 그렇다. 양양 바다가 특별한 것은 유난히 신비롭고 아름다운 양양 '땅'이 있어서이다.

글 황인희 역사칼럼니스트

02
Activity
액션 양양

2010년을 전후해 양양에 1세대 서퍼들이 등장한 이후 15년 가까운 세월이 흘렀다. 이젠 금요일 저녁 퇴근과 동시에 차를 몰아 파도 앞에 서는 사람이 많아졌다. 서핑은 과거부터 현재까지 많은 이를 양양으로 흡입한 최고의 매력포인트였다.

아쉬운 것은, 양양의 스포츠는 마치 서핑 하나만이 존재하는 것처럼 보인다는 점이다. 그러나 바다, 천, 산이 둘러싼 환경에서 다양한 스포츠가 존재한다는 것은 조금만 둘러봐도 금세 알 수 있는 일이다. 바다에서 파도의 길을 읽는 물 위의 서퍼가 있다면 물 속으로 들어가는 스포츠도 있다. 이 너른 땅은 바다를 떠나서도 즐길 거리가 풍성하다. 양양을 가로지르는 남대천. 제법 폭이 넓은 이 물길을 따라 서로 다른 취미를 즐기는 이들이 남대천 주변을 들고 난다. 모험가의 기질이 있다면 시선을 조금 더 넓혀보길 권하겠다. 산자락 안쪽의 숲과 마을 곁의 계곡까지, 곳곳에서 생각지도 못했던 모험의 장이 펼쳐진다. 생각해 보면 이 모든 것이 강원도이기에 가능한 일이다. 강원도여서 어울리는 것들이다. 양양이 품은 자연이 그토록 생생하게 살아 있기에 그 생명력을 고스란히 온몸으로 체감할 스포츠이기도 하다. 기왕 양양을 찾았다면 양양의 품으로 더 깊이 들어가 보자. 심장이 미친 듯 요동 치는 짜릿한 쾌감이 그곳에 있다.

심장이 쿵쿵, 남대천은 살아있다.

남대천변에 섰다. 푸른 하늘이 더없이 투명한 날이었다. 지금까지 보지 못했던 풍경에 눈이 시원해지는 것만 같았다. 왜 몰랐을까, 이 모습. 수도 없이 오갔던 양양인데 처음 보는 그림이다. 귓가에 미디움 템포로 건반이 미끄러지며 피아노 선율이 흐르는 듯한 기분마저 들었다. 도도하게 흐르는 강물은 평화롭고, 그 사이에 인간은 그리지 못할 곡선으로 불쑥 초록의 경계를 만드는 수초가 있었고, 저 멀리로 하얀 백사장이 가느다란 직선으로 펼쳐졌다. 그 너머에선 하늘보다 짙은 바다가 마지막 완성의 붓질을 하고 있었다. 이토록 고요하고 아름다운 남대천은 연어의 고향이기도 하지만 양양 사람들의 고향이다. 남대천의 생명력은 힘차게 오늘날까지 살아있고 사람은 정중동의 그 물길에서 다양한 재미를 찾는다.

남대천에 황포돛배가 뜰 줄은 몰랐다. 천천히 천의 가운데로 나아가 한국적인 아름다움을 보여준다. 그 느릿함보다 능동적으로 물위를 노니는 게 더 취향에 맞는 이에게는 전동보트가 좋겠다. 동그란 작은 보트가 배터리의 힘으로 움직인다. 가고 싶은 길은 운전대를 돌리는 대로 열린다. 카누는 최근 들어 남대천 일대에서 서서히 떠오르는 새로운 종목이다. 기다란 배에 몸을 싣고 노를 저으며 상류로 거슬러 오른다. 그 움직임에 격렬함이 빠졌어도 나름의 흥분을 돋운다. 동호인이 모여 수시로 물길 위에 배를 띄우고 수 킬로미터를 따라 물길의 시작점을 향해 나아간다.

명색이 양양을 대표하는 하천이니 민물낚시는 명실공히 전통의 레포츠라고 해도 과언이 아닐 테다. 남대천은 설악의 깊은 골짜기에서 흘러나온 물이 바다를 향해 나아가는 만큼 수질도 맑다. 여름이면 은어가 올라오기도 한다. 수박향이 은은한 은어를 잡기 위해 강태공이 몰리는 건 당연지사. 바다낚시에 남대천 민물낚시까지 하기 좋다는 이유로 은퇴 후 양양에서 제2의 삶을 꾸리는 이도 적지 않다.

요즘 전국적으로 가장 핫한 스포츠는 파크골프다. 이름에서 보듯 공원에서 즐기는 골프라고 이해하면 쉽다. 18홀 단위로 이루어지는 것은 골프와 비슷하지만, 골프채는 하나만 사용한다. 그리고 티에서 홀컵까지의 거리가 100미터가 채 안 될 만큼 짧아서 진행속도가 빠르다. 인원에 구애를 받지않고 혼자서도 플레이가 가능하며, 카트를 타지 않으니 골프에 비해 운동량이 훨씬 많다. 가격도 저렴하다. 골프를 20년 이상 쳤지만 요즘은 파크골프가 더 재미있다는 군민도 여러 명 만났다. 그만큼 파크골프의 흡입력은 대단해 동호인이 빠르게 늘고 있다. 남대천변의 파크골프장은 전국적으로 유명세를 타는 중이다. 매일 전국 곳곳에서 온 관광버스로 파크골프장을 찾는다. 이 많은 인원이 파크골프를 즐기는 모습을 먼 발치에서 보고 있노라면 진풍경이라는 생각이 절로 든다. 바닷가에만 머물렀다면 상상도 못할 놀랄만한 광경이다.

온전한 오션라이프

점점이 바다 위에 떠 있는 사람들이 보인다. 파도를 기다리는 이들의 모습. 양양의 가장 아래에서 가장 위까지 따라 올라가며 찾은 해변마다 보드를 든 이의 모습이 낯설지 않았다. 그만큼 양양 하면 바다와 서핑이 떠오른다. 양양이 21세기 초입에 남긴 가장 큰 업적이라면 일반인이 서핑에 도전할 수 있도록 진입 문턱을 낮춘 것이라고 해도 틀린 말이 아닐 거다. 소수의 마니아만이 즐기던, 마냥 생소하기만 했던 이 해양스포츠에 이제는 '보편화'라는 단어를 가져다 붙일 만큼. 양양 서핑은 쉽고 편한 액티비티가 됐다. 양양을 찾아오기만 하면 된다. 어디든 서퍼가 있고, 강습이 있다. 아무것도 몰라도 괜찮다. 보드도 빌려주고 수트도 빌려준다. 가장 필요한 건 파도에 도전할 용기와 충분히 즐길 시간이다. 그거면 족하다.

양양 바다에 서핑만 있는 걸까? 그렇지 않다. 스쿠버다이빙도 아주 좋은 선택지다. 스쿠버다이빙을 하려면 제주도로 가야 하는 거 아니냐고 묻는 이에게는 양양의 남애항을 가 보라고 권하고 싶다. 포구를 따라 십여 개의 스쿠버다이빙 전문점이 성업 중이다. 여기에는 이유가 있다. 다이버들이 말하길, 물 속의 땅은 물 밖을 그대로 닮았다. 강원도 고성부터 속초까지 이어지는 바다는 산자락의 지형이 물 아래까지 이어진다. 그만큼 급격하게 물이 깊어지고 암반이 많다. 상대적으로 양양은 완만하게 깊어진다. 이건 초보자가 스쿠버다이빙을 체험하거나 교육받기에 더없이 좋은 조건을 갖췄다는 의미이기도 하다. 5미터 남짓한 곳부터 30미터가 넘는 깊은 곳까지 포인트도 다양하니 다이빙 실력이 늘수록 매번 들어가 볼 곳도 많다. 다만 한 가지 알아둘 점이 있다면, 바다의 계절은 육지보다 평균 2달이 늦다는 사실이다. 태양의 열기가 바다를 달구는 건 육지보다 오래 걸리므로 7~8월의 더위가 물속까지 전해지려면 9~10월이 돼야 한다는 뜻이기도 하다. 봄부터 초여름까지는 날은 더워도 물 안은 춥다는 것을 염두에 둬야 한다.

물속에 들어가지 않아도 바다는 즐길 수 있다. 수산항에 가면 요트를 대여해 동해의 짙푸른 아름다움을 충분히 만끽할 길이 있다. 요트는 나름의 재미가 쏠쏠하다. 수영을 못해서 바다가 두려운 사람이어도 얼마든지 해양 레포츠에 도전할 수 있다는 걸 알게 된다. 혹여 낚시에 관심있다면 체험낚시에 나서는 것도 좋은 선택지다. 가까운 바다에 나가 선장이 알려주는 대로만 따라하면 얼마든지 물고기를 낚아올릴 수 있다. 속이 보이지도 않는 저 깊은 바다 아래에서 줄을 타고 전해오는 짜릿함과 그걸 들어올릴 때의 성취감은 해 봐야만 아는 즐거움이다. 양양은 온전한 오션라이프를 즐길 해양 놀이터다.

모험가를 위한 땅

짜릿한 자극이 필요할 때가 있다. 남들 다하는 것보다는 남이 하지 않는 것을 찾고, 모두가 몰리는 곳보다는 인적 드물어도 심장이 뛰는 경험을 할 때 충족감이 높아지는 여행. 그런 게 필요한 사람은 시선을 조금 더 넓혀보자. 양양은 안전하면서도 흥분되는 모험이 가능한 곳이다. 양양은 한계령과 구룡령에서 흘러 내려오는 깊은 산골짜기와 그 사이로 난 길을 따라 마을과 마을이 이어지는 지역이기도 하다. 이는 곧 모험을 즐기기에 더없이 좋은 지형을 갖췄다는 의미이다. 물론 계곡을 따라 물놀이를 즐기거나 트레킹을 즐길 수 있는 여건도 갖췄고, 곳곳에 자연을 벗 삼아 캠핑을 하기 좋은 자연휴양림과 캠핑장이 널려 있다. 송이밸리자연휴양림도 그런 곳 중 하나다. 이곳을 처음 찾는 이는 깜짝 놀랄 만큼 전반적인 시설이 훌륭하다. 백두대간의 자연, 문화를 체험할 수 있는 공간을 갖춰 백두대간 탐방을 할 수 있지만 이건 시작에 불과하다. 진짜는 별도로 마련해 놓은 레포츠시설이다. 우선 하늘을 나는 경험부터 해보자. 안전장비를 갖추고 매달려 팔을 벌리면 된다. '하늘 나르기'라는 이름의 짚라인인데, 무려 580미터를 날아간다. 이 휴양림에서 가장 인기있는 액티비티다. 물론 일반적인 짚라인도 마련돼 있다. 어린아이를 동반했다면 모노레일을 타고 숲을 여행하는 숲속기차도 추천할 만하다.

거친 오프로드를 달리다 그대로 물로 뛰어드는 수륙양용차가 궁금하다면 구룡령 아래 해담마을을 목적지로 찍어 두길. 해담마을은 첩첩산중에 해가 쨍하게 드는 마을이라는 뜻이다. 서양양 톨게이트와 가까워서 접근성도 좋다. 이곳은 바로 곁에 서림계곡을 두고 있어서 여름철 피서를 보내기에 그만이다. 은어잡기 체험도 가능하고 물놀이를 즐기기에도 좋지만 무엇보다 이 마을을 대표하는 건 수륙양용차다. 계곡을 따라 자갈밭을 달리기도 하고 숲속을 달리기도 하는데 어느 순간 함성이 절로 터진다. 언덕을 오르던 차는 후진을 시작하더니 그대로 계곡에 뛰어든다. 온 몸이 흠뻑 젖지만 순간 느껴지는 희열이 훨씬 더 크다. 스트레스 가득한 일상에 찌들었던 사람이라면 꼭 한번은 도전해 볼 필요가 있다. 머릿속에 가득하던 무거운 짐이 싹 달아난다.

글 정태겸 여행작가

More Information

카페 둔치&레저
남대천변의 수상레져카페로 물멍을 때리며, 정적으로 보내도 되고 황포돛배와 전동보트 체험도 할 수 있다. 황포돛배는 최소 8명 이상 되어야 운행한다.
📍 양양군 양양읍 조산리 95-45
🕐 033-673-4567 🕐 10:00~21:00
₩ 황포돛배 1인 10,000, 전동보트(4인 기준 30분) 28,000

양양파크골프장
전국에서 시설이 가장 좋다는 양양의 파크골프장. 최근 파크골프는 젊은이에게도 확산 되는 중. 5개 코스, 45홀, 클럽도 대여가능하다.
📍 양양군 양양읍 송암리 540
🕐 033-672-0796 🕐 06:00~18:00(하계), 07:00~17:00(동계), 월 휴장
₩ 개인 6,000, 단체 5,000

블루코스트
죽도의 전설로 남은 양양 최초의 서핑숍. 서핑에 더해 서핑정신을 배우고 싶다면 이곳으로! 게스트하우스 시설도 갖추고 있다.
📍 양양군 현남면 동해대로 849-10
🕐 033-672-4499
₩ 1인 1회 80,000

수산어촌체험마을
낚시, 요트체험 등이 가능하다. 반려견도 요트에 동반할 수 있다.
📍 손양면 수산1길 20-24
🕐 033-673-3677 🕐 09:00~18:00
₩ 1인 30,000(1시간)

남애스쿠버리조트
스쿠버에 삶을 올인한 부부가 운영하는. 남애해변을 스쿠버 성지로 만든 스쿠버숍으로 초보부터 강사교육까지 전담한다.
📍 양양군 현남면 매바위길 77
🕐 033-673-4567 🕐 07:00~21:00
₩ 체험다이빙(비치) 100,000, 펀다이빙 패키지(1일) 140,000, 스쿠버리뷰 패키지(1박2일) 260,000, 오픈워터(2박3일) 690,000, 어드밴스(1박2일) 650,000

송이밸리자연휴양림 레포츠시설
트레킹, 짚라인, 모노레일 등이 가능한 자연휴양림이다. 화요일은 휴무이며 비수기엔 사전 예약필수!
📍 양양군 양양읍 고노동길 98-50
🕐 033-673-2468 🕐 10:00~16:00
₩ 하늘나르기+숲속기차 35,000, 짚라인+숲속기차 30,000

해담마을 수륙양용차
숙박, 체험활동이 가능한 해담마을에서 가장 인기있는 액티비티인 수륙양용차를 타려면 갈아입을 의상과 우비 등을 준비해야 한다.
📍 양양군 서면 구룡령로 2110-17 🕐 033-673-2233 🕐 09:00~18:00
₩ A코스 15,000(단체 20인~), B코스 25,000(최소 2인)

죽도랜드서핑파크
무료로 즐길 수 있는 랜드서핑파크다. 초중고급자가 모두 연습이 가능하다.
📍 양양군 현남면 시변리 2-1 🕐 08:00~22:00

ON THE MOVE　　　　　　　　ART OF TRAVEL

03
Walk
걷 는 즐 거 움

'걷는다는 것은 세상에서 가장 아름다운 일이며 세상에서 가장 빠른 길입니다.'
시인 이원규의 말이다. 인간의 두 발은 새의 날개이며 물고기의 지느러미다. 두 발로 온전히 걸으면 길 위에 존재하는 모든 것이 나에게 깃든다. 지나온 길은 내 몸에 새겨진다. 뚜벅뚜벅 두 발로 걷는 길은 내가 세상 속으로 스며드는 가장 빠른 길이다.
양양은 빼어난 산 설악과 서핑의 성지가 된 죽도 바다, 연어의 고향인 남대천을 품은 도시다. 걷는 길 또한 산과 바다, 하천으로 구석구석 실핏줄처럼 뻗어있다. 남녀노소 누구든 취향과 난이도에 맞는 최고의 양양 트레킹 코스를 찾을 수 있다.

명불허전 천상의 트레킹 코스, 주전골

주전골은 남설악 최고의 비경이다. 주전골에 들어서는 순간 바람 한 줄기가 몸에 스민다. 산은 높고, 계곡은 청정하다. 흰 물줄기는 우뚝우뚝 비범한 바위 사이를 거침없이 내달리고, 푸른 소(沼)는 너무 맑아 깊이를 예측하기 어렵다. 울창한 숲과 눈부신 초록의 나뭇잎들. 주전골은 외설악의 천불동, 내설악의 백담계곡과 함께 설악산 최고의 단풍명소로도 꼽힌다.

주전골길은 오색약수터탐방지원센터에서 출발한다. 설악산 등반의 주요 시작점이기도 한 오색약수터를 거쳐 선녀탕~금강문~용소폭포지원센터까지 편도 3.2km, 왕복 두 시간 반이면 여유 있게 걸을 수 있다. 길은 경사가 완만하고 편안하며 대부분 데크길이다. 특히 오색약수터탐방지원센터 부터 0.7km 구간은 무장애길로 노약자나 어린아이도 힘들지 않게 걸을 수 있다. 그렇다고 풍경이 허술한 건 아니다. 오색약수를 지나자마자 병풍처럼 둘러쳐진 기암괴석이 설악의 기품과 위용을 보여준다.

주전골은 승려를 가장한 도둑의 무리가 위조엽전을 만들던 골짜기라고 해서 붙여진 이름이다. 용소폭포 아래의 바위가 마치 엽전을 쌓아 올린 것 같다고 해서 주전골이 되었다는 설도 있다. 그 바위는 시루떡을 쌓아 놓은 것 같다고 해서 시루떡 바위라고도 불린다. 주전골에는 성국사라는 오래된 절이 있다. 절 마당에 다섯가지 빛깔의 꽃이 피어나는 나무가 있었다고 한다. 1500년경, 이 절의 승려가 철분이 많고 각종 질환에 탁월한 효능을 지닌 약수를 발견했다. 그 약수의 이름은 '오색'이 되었다.

단풍철 주전골에는 발 디딜 틈이 없을 정도로 사람이 몰린다. 사실 주전골은 사철 다 아름답다. 이른 봄의 주전골은 탄성이 나올 만큼 싱그럽고, 여름 주전골은 어떤 계곡보다 시원하고 깨끗하다. 묵언수행에 든 듯한 겨울 주전골의 그윽함이야 더 말할 필요가 없다. 주전골은 강원도에서도 눈이 가장 많은 곳 중 하나다. 트래킹을 한 후에는 오색약수터 입구에 있는 족욕 공원에서 족욕을 하거나 근처에 있는 탄산온천에 몸을 담그면 더할 나위 없는 치유의 시간이 된다. 남설악 주전골에서 보내는 하루는 이만하면 넘치게 족하다.

에너지 넘치는 인구해변길

양양의 바람길은 양양의 바다와 숲, 산사와 유적지를 모두 둘러볼 수 있는 총 10개의 트래킹 코스다. 모든 코스가 아름답지만 최근 양양을 가장 뜨겁게 달구고 있는 길은 대한민국 서핑의 성지로 거듭나고 있는 죽도와 인구해변길이다. 코발트빛의 풍성한 바다에서 파도를 희롱하는 젊은 서퍼들의 모습은 보는 것만으로도 에너지가 차오른다.

바람길 1코스는 남애항~죽도해변길 6.5km다. 남애항 전망대~갯마을해변/해수욕장~광진해변(멍비치)~휴휴암~인구해변/해수욕장~죽도해변/해수욕장으로 이어지는 이 길은 양양의 핫스팟이 즐비하다.

남애항은 강릉의 심곡항, 삼척의 초곡항과 함께 강원도의 3대 미항으로 꼽힌다. 소박한 어촌풍경은 다정하고 마주 보고 서 있는 빨갛고 흰 등대는 서정적이다. 방파제 입구의 스카이워크에 오르니 동해의 먼바다까지 한눈에 들어온다. 송창식의 노래 '고래사냥'의 '자 떠나자! 동해바다로!'의 실제 배경도 남애항이다. 남애항은 오래전부터 청춘의 상처와 슬픔을 꿈과 희망으로 되살려 줄 신화의 바다였다.

해변 길이 시작되는 곳에 있는 해녀의 집에서 섭국을 시켰다. 뜨끈하면서도 개운한 국물에 속이 확 풀린다. 이른 아침에 길을 나서 좀 출출하던 참이다. 섭은 강원도 사투리로 홍합을 말한다. 섭국은 홍합으로 끓인 국물요리다. 여행을 하면서 먹는 그 지역의 고유한 음식은 그 자체로 기쁨이다.

길은 바다에서 바다로 이어진다. 오직 하늘과 바다뿐인 순정한 길에 바람이 흰 파도를 일으킨다. 새 떼도 날개를 접고 흰 모래밭에 내려앉은 아침나절, 오락가락하는 비 때문인지 걷는 이는 아무도 없다. 물빛은 또 왜 이리 고운지. 이런 때는 왠지 마음도 순해진다.

길은 멍비치가 있는 광진해변을 지나 휴휴암으로 이어진다. 휴휴암은 일상의 번뇌를 내려놓고 쉬고 또 쉬라는 뜻으로 지어진 암자다. 기도처로도 유명한 휴휴암은 바닷가 언덕 위의 지혜관세음보살상과 기암괴석이 아름다워서 관광객의 발걸음이 끊이지 않는다. 휴휴암 아래 해변으로 먹이를 찾아오는 엄청난 황어 떼도 유명하다. 황어 떼는 저녁이면 먼바다로 나갔다가 아침이면 다시 휴휴암 앞으로 몰려든다고 한다. 휴휴암 길은 양양사람이 가장 사랑하는 산책로이기도 하다.

인구해변이 가까워지자 거리풍경이 순식간에 바뀐다. 서핑샵과 카페, 펍, 클럽 등 힙하고도 트랜디한 가게가 즐비하고 까만 수트를 입은 서퍼들이 해변을 누빈다. 요즘 대한민국에서 가장 핫하다고 손꼽히는 일명 양리단길이다. 인구해변에서 죽도해변까지 이어지는 양리단길은 서퍼들의 성지이자 천국이다. 서퍼들은 낮에는 파도를 타고 밤에는 파티를 즐긴다. 굳이 서핑이 아니라도 바다와 자유로움을 즐기려는 젊은이가 모여들 수밖에 없다. 서프보드를 타고 파도의 경사면을 오르내리며 높이와 속도, 기술을 겨루는 서핑(surfing)은 젊음을 뽐내기에는 최고의 스포츠다. 죽도해변은 수심이 얕고 해변 바닥이 모래여서 초보 서퍼들이 서핑을 배우기 좋다. 사계절 내내 파도가 좋은 이곳은 특히 겨울에 파도의 질이 좋아 국내 외의 서퍼들이 많이 찾는다.

양양바람길 1코스는 느긋하게 걸어도 2시간이면 충분하지만 굳이 시간에 얽매일 필요가 없다. 막막하게 펼쳐진 푸른 바다 앞에서, 분위기 좋은 카페에서, 전망 터지는 바닷가 맛집에서, 언덕 위의 암자에서 하릴없이 시간을 보내는 게 으른 여행자가 되어보는 것도 괜찮다.

여유가 있으면 하조대 옆에 있는 서피비치를 걸어보는 것도 강추! 40년 만에 개방된 청정해변이 세련되고 이국적이다. 서피비치에서 조금은 특별하고 온전한 휴식을 즐길 수 있다.

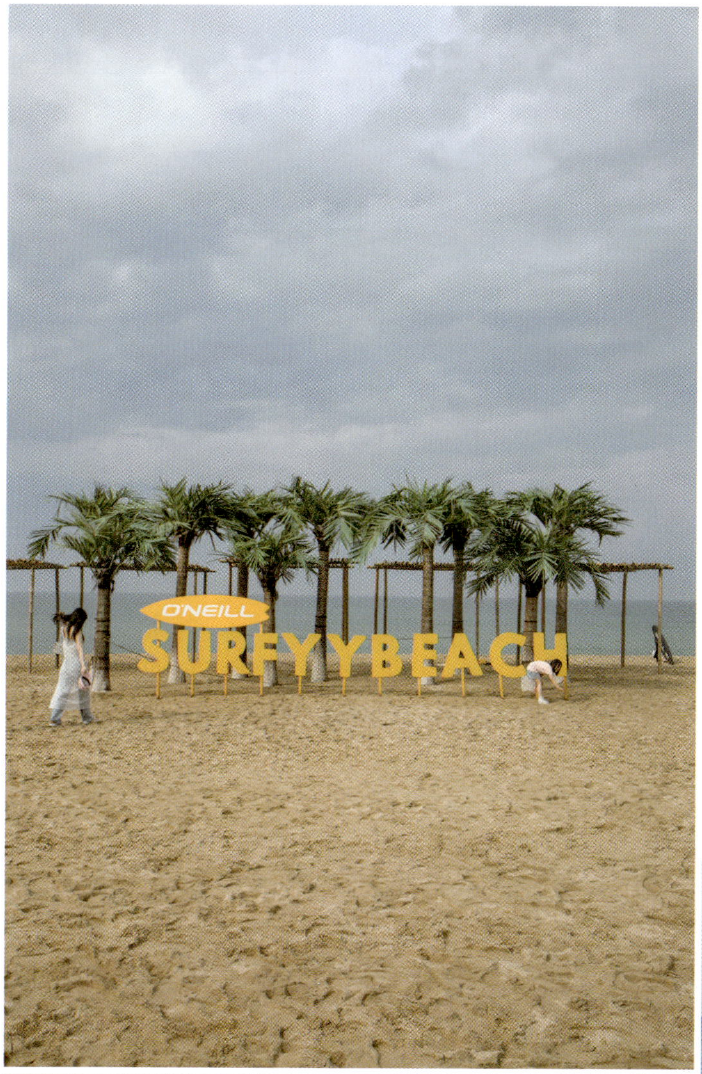
O'NEILL
SURFYYBEACH

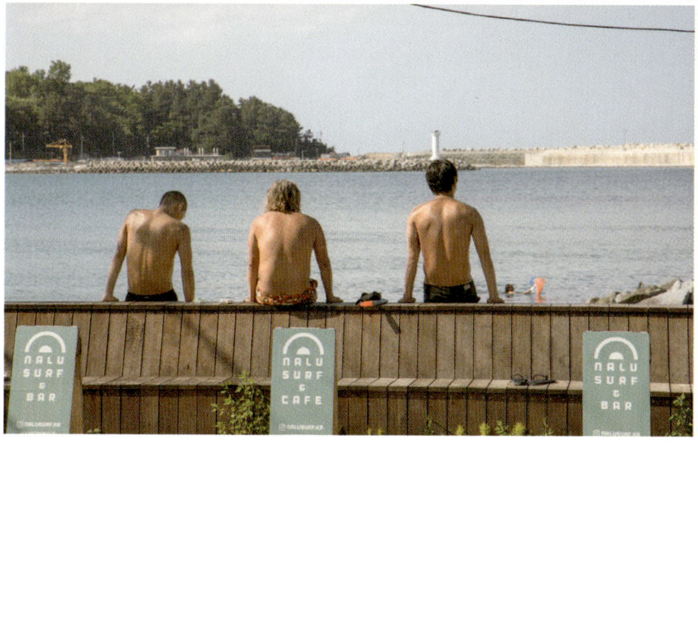
NALU SURF & BAR
NALU SURF & CAFE
NALU SURF & BAR

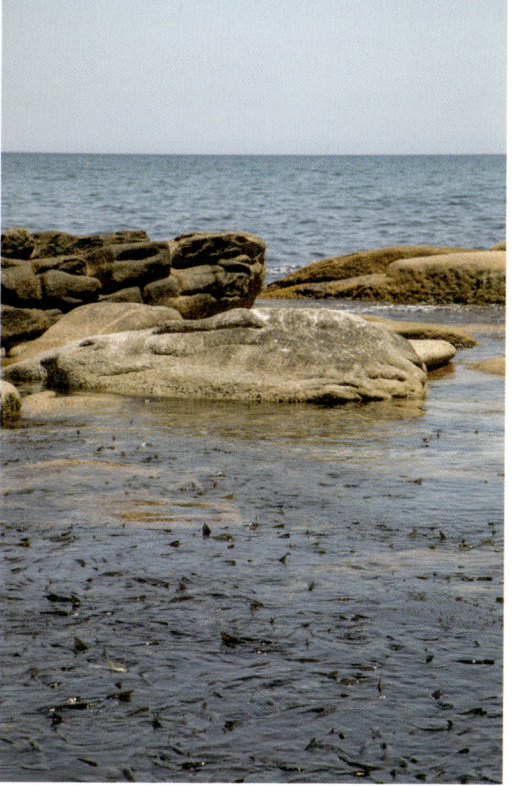

바람길 8코스, 남대천길

양양바람길 8코스는 남대천길이다. 남대천은 양양 10경 중 제1경으로 꼽힌다. 웰컴센터~남대천 수상레포츠 체험센터(남대천 연어생태공원)~낙산대교로 이어지는 3.8km는 1시간이면 충분히 걸을 수 있다.

남대천은 그리움의 강이다. 봄에는 황어, 여름에는 은어, 가을에는 연어 떼가 남대천으로 돌아온다. 연어는 대표적인 회귀어종이다. 우리나라로 돌아오는 연어의 70% 이상이 남대천의 거친 강물을 거슬러 오른다. 오대산과 점봉산, 설악산에서 흘러내린 물줄기는 남대천에서 만나 동해로 흘러든다. 양양의 젖줄이자 연어의 고향인 남대천의 상류는 아직도 1급수를 유지할 정도로 맑고 깊다. 남대천에서 태어난 어린 연어는 차가운 북태평양 바다에서 3년 정도 살다가 동해를 거쳐 남대천으로 돌아와 산란을 하고 마침내 생을 마감한다. 숭고하고도 아름다운 여정이다.

남대천 생태공원은 드넓은 갈대밭이다. 봄이면 푸른 싹이 돋아나고 여름이 가까워지면 금계국이 지천이다. 가을이면 은빛 머리를 풀어헤친 갈대가 들판을 뒤덮는다. 귀를 기울이면 강에서 몸을 키우는 어린 연어가 매끄럽게 헤엄치는 소리가 들린다. 고향을 찾아 강물을 거슬러 오르는 연어의 거친 숨소리도 들린다. 공원에는 생태관찰로도 있고, 강을 건너는 징검다리도 있지만 연어를 이끄는 것은 모천의 푸른 물 향기, 오직 몸에 새겨진 기억 뿐이다. 남대천, 그 유장한 하천이 이토록 반짝이는 것은 밑도 끝도 없는 연어들의 그리움 때문이다.

글 조송희 여행작가

More Information

주전골
설악산국립공원 남쪽에 있는 오색약수터에서 선녀탕을 거쳐 점봉산(1,424m) 서쪽 비탈에 이르는 계곡
📍양양군 서면 대청봉길 58-52

인구해변
대나무가 울창한 죽도라는 섬을 중심으로 북쪽이 죽도해수욕장이고 남쪽이 인구해수욕장이다. 가족 단위 피서지로 유명한 곳으로 백사장이 넓고 조용하며, 해안에 포장도로가 나 있어 교통이 편리하다.

메밀라운지
📍양양군 현남면 인구중앙길 46-38
☎ 0507-1369-1717
🕐 09:00~20:00
📷 @memille_lounge
₩ 메밀크림라떼 6,800 아메리카노 4,800 모래케익 7,200

하이타이드
📍양양군 현남면 인구중앙길 49 하이타이드
☎ 0507-1409-0781
🕐 10:00~21:00 (화 휴무)
📷 @hitide.guesthouse
₩ 돔양꽁 13,000 꿍팟퐁커리 25,000

남애항
강원도 3대 미항 가운데 하나로, 양양군의 1종 어항이다. 양양군에서 가장 큰 항구이며, 항구를 중심으로 남애1~4리 4개의 포구 마을이 길게 늘어서 있다. 동해시의 추암(湫岩) 일출과 함께 동해안 일출의 최고 명소로 꼽히며, 특히 그림 같은 해변과 아담한 항구를 붉게 물들이며 타오르는 해돋이가 장관이다.
📍양양군 현남면 매바위길 138

남애항 해녀횟집
📍양양군 현남면 매바위길 163 해녀횟집
☎ 033-671-7473
🕐 매일 08:30 – 21:30
₩ 섭국 18000 지리섭국 18000 회덮밥 18000 물회 18000

거북이 서프바
📍양양군 현남면 화상해안길 247 거북이 서프바
☎ 0507-1321-8354
🕐 11:00~22:00
₩ 해산물 로제 떡볶이 26,000 남애 샐러드 파스타 16,000 땅절미 밀크쉐이크 8,000

고래카페
📍양양군 현남면 남애리 2-81
🕐 11:00~17:00 (토,일 ~18:00) 화 휴무
₩ 고래커피 6,000 아메리카노 5,000
📷 @cafe_whale_

휴휴암
휴휴암은 강원특별자치도 양양군 현남면 바닷가에 자리한 암자다. 일상의 번뇌를 내려놓고 쉬고 또 쉬라는 의미에서 지어졌다. 1997년 홍법스님이 창건한 이곳은 묘적전이라는 법당 하나로 시작되었으나 1999년, 바닷가에 누운 관세음보살 형상의 바위가 발견되면서 기도처로 유명해졌다. 묘적전 아래 바닷가에는 활짝 핀 연꽃을 닮아 연화대라고 이름 지어진 너른 바위가 있다. 연화대에서 관세음보살 바위와 거북이 형상의 바위를 찾아볼 수 있어 사시사철 관광객의 발길이 끊이지 않는다.
📍양양군 광진2길 3-16
☎ 033-671-0093

휴휴암 쉼터
📍양양군 현남면 동해대로 627 휴휴암쉼터
☎ 033-671-0802
🕐 07:00~15:00 수 휴무
₩ 맷돌 순두부 10,000 청국장 11,000 김치찌개 12,000

피프티피프티 에스프레소 카페 & 위스키 바
📍양양군 현남면 인구중앙길 46-61 1-2층
☎ 0507-1374-7888
🕐 09:00~24:00
📷 @fiftyfifty_space
₩ 딸기그라니따(시그니처,수제) 7,000 아메리카노 4,500 돌체라떼 6,500 카페라떼 5,500

1. 휴휴암 2. 메밀라운지 3. 주전골

04
Healing
해변을 떠나서 힐링

힐링(Healing)! 전 국민에게 이 영어 단어는 익숙하다 못해 친근하다. 세종대왕이 지하에서 노하실 일, 그렇다고 '힐링'을 '치유'라는 단어로 바꾸면 뭔가 느낌이 2% 부족하다. 양양에서 힐링하기. 어디로 가야할까?

우선 '힐링'은 번잡함과는 상극이다. 대체로 사람 많은 곳은 '힐링'과 거리가 있으니 유명한 해변지역을 조금 벗어나보자. 먼저 양양의 남쪽으로 가자. '마음과 몸을 달래준다'는 그곳으로. 마음을 달래고 몸을 달래준다하여 이름도 '달래촌'이다. 이 기가막힌 작명은 달래촌의 촌장 김주성 대표의 작품이다. 서울에서 광고일을 했던 번뜩이는 아이디어를 양양 땅에 풀어놓은지 꽤 오래됐다. 달래촌은 힐링센터와 달래촌 식당, 그리고 자연 그대로의 산, 1천2백만평이 포함된다. 힐링센터 내에는 숙소와 찜질방 시설이 있고 식당 밖에는 핀란드사우나가 세 대 놓여있다. "2004년에 여기 왔어요. 사람들은 저를 촌장이라고 부릅니다. 산을 개간해 길도 내고, 트레킹코스도 만들고, 마을 사람들과 힘을 합쳐 저수지도 만들고 하면서 주변을 조금씩 가꾸다 보니 세월이 20년이나 갔네요. '산이 정원, 산이 농장'이라는 말 어떠세요? 이 문구도 제가 만들었어요. 무분별한 개발보다는 자연 안에서 쉬어갈 수 있는 곳을 만들기 위해 힘을 써왔습니다. 이곳에 오셔서 좋은 음식 드시고, 맨발로 걷고, 계곡도 즐기고 하면서 자연에 묻혀 푹 쉬면 얼굴 빛이 달라집니다."

감동의 힐링밥상

달래촌. 처음 방문한 곳은 식당이었다. 자연이 내어준 무공해 산나물과 약초를 주재료로 한 정갈하고 깨끗한 음식이 차례로 상에 놓여졌다. 인공적인 조미료 없이 깨끗하게 조리한 자연 밥상이다. 정성스럽게 차려진 밥상 앞에 앉으니 마음이 순해지고 얼굴엔 미소가 번졌다. 건강한 음식이 몸에 들어가니 금방 몸이 편안하게 펴지고 영혼이 반듯해진다. 달래촌 식당은 유명 TV프로그램인 '착한식당'으로 선정되기도 했었다.

달래촌의 안주인, 문기령 대표가 생강나무차를 내오며 덧붙인다. "밥맛 좋지요? 양양이 물이 좋아서 그래요. 그리고 한가지 비밀이 더 있는데요, 밥에 마법가루를 넣었어요. 송이버섯, 표고버섯, 느티만가닥버섯 그리고 취나무, 곤드레나물 같은 산채 7가지, 곡물 5종까지 해서 총 21가지 농산물을 가공한 분말이예요. 저희가 코로나 시기에 개발한 '약선채곡'인데 밥 지을 때 뿐만 아니라 빵, 쿠키, 죽, 만두, 떡 등 요리할 때 한 봉씩 넣으면 됩니다." 부부가 오랜 세월 동안 시행착오를 겪으며 다듬어 내놓은 식당의 대표메뉴는 명품보약밥상, 해독약선밥상, 명품송이밥상이다. 지인을 모시고 갔더니, '강원도 자주 드나들어 산채정식은 많이 접해본 터인데 이곳처럼 품위있고 맛있는 음식은 처음이다.'라는 칭찬이었다. 흐뭇했다.

식당을 둘러보면 특이한 패키지가 있다. 핀란드사우나+해독차+밥으로 구성된 힐링패키지이다. 달래촌 식당 밖에 3대의 핀란드사우나가 있었다. 도란도란 4명씩 앉으면 12명이 동시에 이용할 수 있겠다. 그 뒤에 자리한 힐링캠프몸마음치유센터에는 찜질방, 숙소, 강의실 등이 있다. 매일 달래촌 음식을 먹고, 이곳에 머무르면서 맨발걷기도 하고 사우나, 찜질도 한다면 완벽히 쉴 수 있겠다는 생각이 든다. 500여 평 규모의 달래촌 식당과 힐링센터보다 더 놀라운 것은 길만 건너면 1200만 평의 산이 기다리고 있다는 것이다. 김주성, 문기령 부부는 차를 몰고 한참을 산속으로 들어가야 되는 화전민 마을에 집을 지었다. 아무도 없는 산속에 거처를 두고 자연과 벗하며 살고 있는 것이다. 오래된 주택들 몇 채가 보이지만 화전민이 떠난 후 빈집으로 남았다. 이곳에서 김주성 촌장은 매일 낫을 들고, 주변을 정리하며 느리지만 우직하게 하루를 살아낸다. 나무도 심고, 산책길도 내면서 산을 치유의 정원으로, 농장으로 변화시키는 중이다. "여기 달래길이 있어요. 제가 만든 산책코스지요. 오래된 나무 사이를 걸으면서 가다가 계곡에서 쉬어가기도 하고, 맨발걷기도 하고 그러다보면 자연과 금방 친해질 겁니다." 달래길은 꽃골시루봉 코스, 느르리길 코스, 동해바다로 코스 그리고 달래수변 둘레길 코스에 이르는 80km의 트레킹코스다. 달래촌에 머무르면서 이 길을 모두 걸어보고 싶어졌다. 20년간 가꾸어온 달래촌의 미래가 어떤 방향으로 흘러갈지는 오직 신만 알겠지만 '산이 정원, 산이 농장'이라는 멋진 철학을 잘 이어가길 바란다. 힙한 카페나 비싼 호텔에 가서 쉬는 것보다 자연과의 조우가 더 가치 있다는 것을 알 만한 사람들은 알아볼 테니 말이다.

모두의 힐링공간, 빈터

퇴사 또는 파이어족을 꿈꾸는 이가 많다. 일을 하지 않는다면 행복할 거라 생각하는 이가 많다는 것이다. 그런데, 조금 더 생각해봐야 한다. 평생 쓰고 남을 만큼 돈이 충분하다면 일을 하지 않을 것인가? 일을 하지 않는다면 과연 진짜 행복해질까? 행복을 연구하는 최인철 교수에 의하면 '행복이란 재미있고 의미있게 사는 것'이라 했다. 니코마코스 윤리학에서는 행복은 '영혼의 최상의 좋음'의 상태, '최고선'의 상태라고 정의한다. 이택래 회장은 90이 가까운 나이에 이르렀지만 아직도 일을 손에서 놓지 않았다. 내일 세상이 끝나도 한그루의 사과나무를 심겠던 스피노자와 같은 마음인 걸까? 빈터에 하얀 건물을 세우고, 그가 좋아하는 배롱나무를 옮겨심고, 오늘도 정원을 부지런히 돌아다니며 손수 풀을 뽑고 물을 준다. 누구나 와서 쉴 수 있는 쉼터를 만드는 일, 그것이 그에게는 '재미있고 의미있는 일'이기 때문이다. 본인의 힐링 장소이며 모두의 쉼터가 될 양양의 '숲속의 빈터', 그 시작은 이랬다. 1980년대 명동과 충무로 일대에 있었던 '숲속의 빈터'는 당시 젊은이들에게 선풍적인 인기를 끌었던 경양식집이며 카페였다. 한 시대를 풍미했던 '숲속의 빈터' 시대가 끝나고, 그의 청담동 시대가 시작되었는데, 바로 '연경'이라는 차이니즈 레스토랑이었다. 16년 동안 운영했던 연경은 강남의 고급 레스토랑 역사에서 나름 한 획을 그었던 곳이다. "'연경'을 정리하면서 정든 배롱나무들을 옮겨 심을 땅을 알아보다가 여기를 발견한 거예요. 나무를 심고 정원을 만들고 내 집도 지었지요. 여기가 원래 아무것도 없는 빈터였단 말이예요. 밖에 나가서 보시면 사방이 산이고 숲이에요. 숲속의 빈터잖아요. 그래서 카페를 만들고 '숲속의 빈터'를 상호로 했지요. 로고도 일부러 예전 것을 그대로 가지고 왔어요. 로고 때문에 가끔 그 숲속의 빈터가 여기랑 같은데냐, 물어보시는 손님이 있어요. 아주 반가워요." 세컨하우스를 두고, 주말에나 드나들 줄 알았던 양양이 카페를 만들면서 집이 됐다. 처음 지었던 집은 손님이 정원을 오롯이 누릴 수 있도록 스테이로 양보하고, 그는 양양에 또 다른 프로젝트(모두의 집을 짓는 일)를 구상 중이다. 하얀색 외관을 한 단순한 디자인의 카페는 이회장이 리차드마이어의 건축에 깊은 감명을 받아 나온 결과물이다. 프리츠커상 수상자인 리차드마이어는 자연광과 주변 경관을 최대한 활용하고, 건축물을 오직 백색으로만 단순하게 지어 '백색의 건축가'로 불린다. 일반적인 생각으로는 모든 것을 전문가에게 맡기고 뒷짐 지고 있을 법도 한데, 그는 건축부터 조경, 인테리어, 가구, 조명, 소품까지 세세하게 디렉팅을 했다. 전문가들 사이에서 자신의 의견을 내고 뜻을 관철하려면 송곳처럼 뾰족한 감각과 논리를 장착해야 한다. 열정과 물리적인 에너지도 필요하다. 이택래 회장을 보니 나이는 숫자에 불과하다는 진부한 표현 외에는 더 생각나지 않았다. 두바이의 도약은 한 사람, 리더의 창의력에서 시작되었다. 사막에 리조트를 짓고, 이상한 모양의 빌딩을 세우고, 세계 지도 모양, 야자수 모양의 인공섬을 만드는 미친 아이디어! 그 기발한 아이디어를 실제 구현하는 데는 마땅히 막대한 돈이 들었지만, 돈이 있다고 해서 누구나 그렇게 창의적으로 살진 않는다. 그 황당해 보였던 프로젝트의 제일 밑바탕에는 한 사람의 마음이 있었다. 자국의 미래를 걱정하는 마음, 그 마음이 모여 좋은 기적을 이룬 것이다. 돈이 멋지게 쓰이게 하기 위해서는 막대한 노력이 필요하다는 부분을 기억해야 한다. 재력을 잘 사용한다면, 의미있는 일, 즉 스스로 돕고 남을 돕는 일에 창의적으로 사용한다면 그 곳은 행복이 흐르는 장소가 될 것이다. "이렇게 만들고 유지하는데 돈 많이 들어갑니다. 더 벌려고 한 일 아니예요. 사람들이 와서 힐링할 수 있는 공간을 만들고, 저도 그 안에서 쉴 수 있으니 좋은 일이지요." 손님 중 한분이 다가와 그 시절 '숲속의 빈터'를 안다고 인사를 건넸다. 이택래 회장은 "아이고, 감사합니다. 저를 돈 벌게 해준 분이시네요. 너무 감사합니다." 하며 허리를 굽혔다. 일상에서 흔히 마주치는 어르신의 모습은 아니었다.

1,2 한옥에 프랑스 감성을 더해진 자비에 민박과 주인장, 자비에

북분리 힐링 라이프

양양군 현남면 북분리에는 재미있는 사람들이 여럿 산다. 괴짜1호는 현남면장까지 했었던 동네 토박이, 전성호 씨다. 그는 자타공인 북분리 비공식 가이드이며 글도 쓰고, 그림도 그리고, 뚝딱뚝딱 목공일도 하고, 정원도 가꾸고, 심지어 호수도 직접 파는 금손이다. 에디터는 그를 일상예술가라고 부르기로 했다. 전성호 대표를 그의 작업실 풀하우스에서(PUL HOUSE) 만났다. 그는 복분리가 '힐링의 땅'이라고 주장했다. 바다가 저 멀리 가물가물 보이는 현남면 복분리는 들어서자마자 마음이 편안해지는 곳이었다. 평범하진 않았던 삶의 여러 구비들을 돌아 지금 여기 복분리 터줏대감을 자처한 그가 내민 명함에는 '코스모스 오페라하우스'라고 적혀 있었다. "코스모스 오페라하우스는 '자연'이 주인공인 무대예요. 공연자는 새, 바람, 파도, 나무죠. 여기서 우리는 자연의 소리를 듣고, 자연을 지켜보는 겁니다. 물론, 이 공간에서 작은 콘서트를 해도 될 거예요." 그가 안내한 곳에는 큰 나무가 한그루 있었고, 그 아래에는 코스모스 오페라하우스라는 표식과 함께 작은 의자가 놓여있었다. 한창 유채꽃이 만발했었다는 작은 부지에는 그가 좋아한다는 우주 행성이 듬성듬성 놓여있었다. 부표에 색을 입힌 설치물로 내 눈엔 행성처럼 보였지만 그에게는 인공위성일 수도 있겠다. 맥가이버인가 예술가인가? 그의 안내는 맞은편 호수로 이어졌다. 모네의 정원에서 힌트를 얻어 호수를 만들고 있는 중이다. 이 호수는 시간이 쌓이고 세월이 갈수록 점점 더 아름다워져 마침내 환상적이고 몽환적인 호수가 될 것이다. 벌써 눈앞에 그 모습이 아련히 그려졌다. 그는 이상주의자이기보다는 작은 걸음으로 하루하루 나아가는 실천주의자인것 같다. 자, 별을 좋아하는 사람, 코스모스오페라하우스의 대표이며 비공식적 동네 가이드인 괴짜1호를 따라 북분리 투어에 나섰다.

잘 생긴 한옥이었다. 그런데 주춧돌이 빨간색이다. 집 주인인 괴짜2호가 달려 나왔다. 파란눈의 북분리 주민 자비에다. 자비에는 한국에 30년 이상 산 프랑스 사람이다. 그를 EBS 프랑스어 교육 프로그램에서 본적이 있어 낯설지 않았다. 북분리에 있는 이 한옥에 반해 2022년 거처를 옮겨 '자비에의 집'이라는 민박을 운영하고 있었다. 탄성을 지르지 않을 수가 없는 독특한 인테리어, 그의 집엔 프랑스와 한국의 것들이 조화롭게 모여 있었다. 특히 김홍도, 신윤복의 옛 그림을 실사로 프린트해 벽에 확대해 붙인 인테리어는 프랑스인이니 할 수 있는 독특한 아이디어다. 그의 집에 머물면 자비에가 직접 프랑스 가정식 아침식사를 준비해주고 저녁엔 칵테일도 만들어 준다. 다음 양양 여행에는 이 괴짜2호의 집에 머물러야겠다. 괴짜3호는 영화감독이다. 그는 양양에 온 이후 여러 동네를 거쳐 북분리에 정착했다. <시월애>란 영화를 기억한다면 이현승이란 이름이 낯설지 않다. 그는 죽도해변에서 매년 '그랑블루페스티발'이란 작은 영화축제를 열었고, <죽도서핑다이어리>라는 서핑영화도 만들었을 만큼 영화와 서핑, 바다에 진심이다. 좋아하는 곳을 찾아 용감하게 삶의 터전을 변경한 이들이 선택한 힐링의 땅, 북분리를 돌아보는 투어는 곧 해변으로 이어졌다.

3. 지베르니의 모네의 연못을 꿈꾸며 전성호씨가 손수 일군 연못 풍경. 4. 그의 아뜰리에겸 작업실에 찾아오는 이들에게 손수 내려주는 고소한 커피 5. 코스모스 오페라하우스. 알쏭달쏭한 네이밍의 이 공간이 어떤 모습으로 변화할지 지켜봐 달라고.

다음 방문지에서 우리를 반겨준 것은 오리들이었다. "꽥꽥 꽥꽥!" 오리가 이렇게 시끄러운 동물이었던가? 불독보다 더 무섭게 방문자를 향해 사력을 다해 짖어대는(?) 오리에게 기가 눌려있는 참에 "어서 오세요. 얘들이 집을 잘 지키거든요! 이쪽으로 들어오세요."하며 문을 열고 빼꼼 내다보는 그녀. 괴짜4호. 바다쓰레기를 주워 조물락조물락 예술품으로 탄생시키는 일을 하며 행복을 찾은 여자, 윤나겸. 그녀는 운 좋게도 바다가 바로 보이는, 아니 해변이라 불러도 좋을 만큼 바다 가까운 땅에 컨테이너를 놓고 작은 공방을 차렸다. 바로 뒤편이 부모님이 운영하는 펜션이기 때문이다. 한때 그녀도 도시에서 치열하게 살았다. 지금은 북분리 바닷가에서 오리를 반려로 삼고 바다에서 온 것들을 주워 쓰다듬으며 산다. 심지어 갖고 싶을만큼 예쁘게 재탄생시킨다. 조개모빌, 맥주병, 와인병으로 만든 다육이 액자화분 등등, 씨온공방에 전시된 작품들은 보기만 해도 힐링이었다. 어떻게 알았는지 전국에서 모여든 사람들이 휴가 중 시간을 할애해 원데이클래스를 하러 공방에 찾아온다.

"북분리는 환경적으로 아주 깨끗한 동네예요. 북분리 주민 중 이주 인구가 50% 정도 되는것만 봐도 얼마나 좋은 동네인지 증명이 되죠? 더 많은 청년이 여기 정착을 하면 좋겠어요. 어려운 점이 있다면 제가 나서서 좋은 어른 역할을 해주려고 하죠. 조언도 해주고, 행정적으로나 제도적으로 풀 수 있는 문제라면 토박이인 제가 나서서 도와줘야지요. 정착한 이들 중에 아주 멋진 친구들도 많아요. 힐러스 운영하는 김수영 대표도 이 동네에 작년에 들어왔어요. 거기도 아주 멋있어요. 소개시켜 줄 테니 같이 가요! 커피 맛이 양양에서 탑이야, 디저트도 아주 잘 만들었어요. 내 커피 한 잔 사리다." 성큼성큼 앞서가는 괴짜1호 전성호 대표를 따라가며 복분리 괴짜 1,2,3,4호에 이어, 앞으로도 북분리에 모여들 새로운 괴짜 5,6,7호들의 이야기가 주욱 이어질 것 같다는 생각이 들었다. 글 조은영 편집장

6. 씨온공방의 주인장 윤나겸 7. 송이 푸딩과 솔방울빵이 인기만점인 북분리 카페, 힐러스에서.

More Information

달래촌
착한 식당과 농가맛집에 선정된 식당으로 건강한 식재료, 산에서 그날그날 채취한 나물 치유밥상을 내놓는다. 숙박, 사우나, 찜질과 식사 2끼를 묶은 패키지가 있다.
- 양양군 현남면 화상천로 634
- 033-673-2201
- 10:30~20:00 화 휴무
- ₩ 해독 약선 밥상 22,000 명품 보약 밥상 27,500 명품 송이 밥상 33,000

숲속의 빈터
넓은 부지에 아름다운 건축물과 정원이 있는 베이커리카페다.
- 양양군 손양면 동명로 114 숲속의 빈터
- 0507-1357-2305
- ₩ 썸머라떼 8,000 생라임 모히토 7,000 땡모반 수박주스 8,000 참깨크림라떼 8,000

코스모스 오페라하우스
북분리 여행의 출발점이 되는 곳으로 자연과 가까이 할 수 있는 시간과 장소를 제공한다. 전성호 대표의 작업실과 호수 등을 함께 둘러볼 수 있다.

자비에민박
신인배우, 프랑스 사람 자비에가 운영하는 한옥 에어비앤비하우스. 1층에 2인, 2층에 3인 투숙가능한 다락방 공간까지 총 5명까지 투숙이 가능하다. 빵, 과일, 커피, 크레페가 나오는 조식이 특별하다.
- 양양군 현남면 북분안길 88
- 010-6708-0877

씨온공방
2015년 귀향한 윤나겸 작가가 운영하는 바닷가 작은 공방이다. 빈병 공예, 조개로 만든 모빌 등의 업싸이클링 작품을 함께 만들어 볼 수 있다. 예약 필수.
- 양양군 현남면 동해대로 1008-15 씨온
- 0507-1417-0210 09:00 - 18:00 월 휴무
- @c_on_gongbang

카페 힐러스
김수영 대표가 야무진 솜씨로 기획한 로컬 상품은 송이푸딩과 솔방울빵이다. 모두 양양의 로컬리티를 살린 제품이다. 직접 로스팅하는 커피 맛도 꽤 괜찮다.
- 양양군 현남면 북죽로 112-2
- 033-672-6777

스테이 힐러스
실용적으로 구성한 2인용 객실 3채와 독채 1채로 이루어진 숙박지다. 투숙객은 카페 힐러스의 커피가 제공된다.
- 양양군 현남면 북죽로 112-2
- 033-672-6777
- stayhillers.modoo.at

05
Art
어 쩌 면 무 용 한 일 , 예 술

헨리 데이비드 소로는 '완전한 고립'을 위해 월든 숲으로 갔다. 160년 전 일이지만 현대에도 크게 다르지 않다. 예술가들은 고립을 자처한다. 자발적인 고립을 택해 어쩌면 무용해 보이는 일을 하는 무모한 사람들이 예술가다. 무용한 일에 집중하는 것은 대단한 힘이며, 상상할 수 없는 큰 용기를 필요로 한다. 그런 점에서 예술가는 비범하다. 그런데, 생각을 해보자. 세상에 유용한 일이란 무엇일까? 일용할 양식을 위해 노동을 반복하는 것이 유용한 일이라면, 어쩌면 최고로 가치있는 일은 예술이다. 신은 고통받는 인생을 위해 예술가를 보내셨다는 말도 있지 않나? 예술가가 반드시 고통스러운 삶을 사는 것은 아니지만 많은 이들이 예술가에게 감동받고 치유받는 것은 확실하다.

모두가 예술가가 될 수는 없다. 하지만 누구나 예술을 향유할 수는 있다. 잠시 숨을 고르면 여기, 소로처럼 노동 대신 무용한 일에 집중한 이들을 만날 수 있다. 아름다운 것에 둘러싸여 시간을 보내는 일, 아름다움을 추구하기 위해 선을 다하는 일, 그런 일들이 현실적으로 어렵다면, 이 노동의 헛헛한 굴레에서 당장 벗어나기 힘들다면, 이미 그 가시밭길을 정리하고 예쁜 주단을 깔아놓은 예술가들과 향유자들을 마주하자. 그들이 양양에 만들어 둔 세계를 함께 누리는 일은 지극히 현명한 일이다.

만 천평의 거대한 스케치북, 최헌기의 아트양양

최헌기 작가는 중국에서 태어나고 자란 한국인이다. 회화, 설치, 조각, 건축을 아우르는 종합예술가로, 현대미술작가로서의 그의 위치는 중국뿐만 아니라 세계적으로 확고하다. 글로벌 아트딜러나 예술가가 북경에 오면 첫 번째로 그를 만나고 싶어했고, 시진핑도 그의 작품을 소장하고 있을 정도. 2016년 중국 항저우 G20 정상회담과 2017년 샤먼 브릭스(Brics) 정상회담에도 그의 작품이 초대됐었다. 그는 어쩌면 예술가로서 누릴 수 있는 명예와 영화를 현시대에 누리는, 운 좋은 사람이었다. 그런 그가 2017년, 안전지대를 떠나 자신만의 이상향을 찾아 양양에 왔다.

"중국에 오래 살다보니 어느 순간 떠나고 싶었습니다. 영국, 프랑스, 독일…전 세계에 좋은 곳도 많지요. 하지만 저의 이상향을 한국 어딘가에서 찾고 싶었어요. 바다가 멀리 보이고 편안한 땅을 찾아 전국을 오랫동안 헤매고 다니다가 여기로 오게 됐습니다. 그런데, 자연이 아무리 좋아도 혼자 있으면 외롭잖아요. 친구도 그립고. 그래서 가까운 이들을 불러들였지요".그의 전화 한 통에 세계적인 작가 10명이 일사천리로 양양에 모이게 됐다. 양지바른 땅에 각자의 작업실과 별장을 짓기로 했다. 그들과 벗하면서 인생을 함께 살아가는 것이 그가 꿈꾸는 미래다. 그렇게 하여 36,000㎡(11,000평)의 땅에 일명 예술인 마을이 만들어졌다. 이름하여 아트양양. 최헌기 작가는 아트양양의 최초 설계자이며 총괄 기획자다. 그런데, 아트양양이 그들만의 프라이빗한 공간으로만 남을거라면 소개할 명분이 조금 부족하다. 여행자들도 이 공간을 누릴 수 있다. 최헌기 작가의 소망은 예술을 누구나 함께 향유하는 것이다. 그는 아트양양 내 여행객이 머물 수 있는 미술관 겸 숙소를 만들었다. 그리고 머지않은 미래에 아트카페와 호텔까지 완성할 계획이다. "저는 소통하는 것을 좋아해요. 관객이 큐레이터가 알려주는 대로 느끼는 것이 아니라 자유롭게 감상하고, 때론 작품을 직접 만져보고, 사용해 보기도 하는 거예요. 관람객이 하는 말을 몰래 듣는 것도 좋아하지요. 실제로 관람객의 이야기에 힌트를 얻어 이어가고 있는 시리즈도 있습니다. 예술에는 자유로움과 소통이 중요합니다." 최작가의 작업실엔 그 유명한 레닌+마르크스+마오쩌둥의 입상이 있다. 이 작품은 지난 평창 동계올림픽에 맞춰 경포해변에 전시되었던 조형물이었다. 작품명은 '위대한 광초'. 사회주의를 대변하는 세 인물의 메시지를 마른 나무 뿌리들로 형상화해 태워버리는 퍼포먼스를 해 많은 이의 기억에 남았다. 액자를 뚫고나와 하늘로 날아가는 '초서'시리즈, '정자'시리즈, 모나리자 조각상 등 그의 작품은 평면을 벗어난 지 오래다. "예술에는 시작도 끝도 없습니다. 그래서 작업 기한이라는 것이 있을 수가 없지요. 마음에 들 때까지 부수고, 다시 만들고, 지우고, 덧칠하고 그러잖아요? 그 끝은 누구도 알 수 없어요. 예술가 자신도. 때로는 그 캔버스가 조금 커도 좋아요. 저에게는 아트양양이 큰 캔버스나 마찬가지라고 생각합니다." 이제야 이해가 갔다. 아트양양의 공식개장일, 호텔과 카페의 오픈 날짜를 물어보면 담당자들이 말끝을 흐린 이유를. 밖에서 보면 아트양양이 멈춘 프로젝트로 보일 수도 있다. 하지만 아트양양은 오늘도 진화 중이었다. 거대한 땅을 캔버스 삼아 깎고 다시 그리고 무너뜨리고 다시 세우면서, 어쩌면 아트양양은 완성이란 없는, 계속 진화해 나가는 거대한 작품이다. 최헌기 작가는 오늘도 아트양양이라는 초대형 대지미술 작품을 책상 위에 올려놓고 구상을 이어가고 있다.

채하의 춤 명상

아트양양의 초기 입주자 9명 이외에, 국내 외 젊은 작가들이 아트양양의 테두리 안에 작업실을 두고 활동하고 있다. 그 중 채하는 가장 평범하지 않은 인물이다. 하루 한 끼 채식하고 아침에 4~5시간씩 혼자 춤을 추고, 매일 두 시간 이상 산책을 하는 구도자 같은 삶을 살아서가 아니다. 가장 생소한 분야를 다루는 작가라는 측면에서 그렇다. 춤 명상(movement meditation)이라는 분야는 채하 작가가 2005년 프랑스 미술 유학 중에 접한 신세계였다. "파이브리듬(5 Rhythms)은 가브리엘 로스가 창안한 5개의 삶의 리듬으로 움직임을 통해 자신을 만나는 명상의 일종입니다. 춤이지만 무대에 올리지 않는 춤이예요. 공연을 위해 춤을 추지 않아요. 혼자 추고, 그룹으로 추기도 하며, 기본 리듬은 있지만 코레오(안무)가 없어요." 자신의 본질에 다가가는 움직임을 배우는 것이다. 안무는 없지만 다섯가지의 기본 움직임이 있다. 플로잉 Flowing, 스타카토 Staccato, 카오스 Chaos, 리리컬 Lyrical, 스틸니스Stillness 가 그것이다. 심리학도였던 그녀의 영혼을 송두리째 빼앗아간 파이브리듬을 제대로 배우기 위해 채하 작가는 귀국 후 다시 짐을 싸 유럽으로 건너갔다. 2011년부터 2015년까지, 전 유럽을 돌며 워크숍과 세션에 참가한 끝에 마침내 공식적인 티칭 자격을 얻었다. 현재 한국인으로서 국내에 거주하며 활동하고 있는 공식 강사는 그녀가 유일하다. 원데이 또는 1박2일 세션을 통해 파이브리듬을 경험할 수 있는 워크숍에 참여할 수 있다. 양양 여행에서 진짜 자신을 찾고 싶다면, 채하 작가를 만나길 바란다. 의미 있는 발걸음이 될 것이다.

노마드 라이프 황호빈

황호빈 작가는 피플퍼슨(people person)이다. 서양회화를 했지만 평면에서 벗어나, 퍼포먼스, 설치미술, 영상, 공간 기획 등 다양한 분야에서 관람객을 만난다. "어떤 공간에 연관성을 가지고 그림, 영상물 등을 배치하고 그 공간 자체가 예술이 되는 작업이 재미있어요. 그 과정에서 다양한 사람을 만나요. 맞아요. 제 성향이 작업실에 틀어박혀 고뇌하는 예술가 타입은 아닌 것 같아요.(웃음). 사람들에서 영감을 받고, 소통하고, 함께 만들어내는 것을 좋아합니다."
그는 아트양양의 시작점에 최헌기 작가와 함께 있었다. "제가 연변대를 나왔는데, 교수님들의 대부분이 최헌기 작가님의 동기나, 후배였어요. 최헌기 작가님은 이미 작가로서의 입지가 탄탄한 성공한 아티스트로 저희에겐 우상 같은 존재였지요. 사회인으로 고민이 쌓일 무렵 작가님을 뵈려고 북경에 갔어요. 만리장성이 보이는 무릉도원 같은 작업실에서 처음 만났는데, 너무 멋있어서 쇼크를 받았어요. 2013년이었죠. 그때부터 작가님의 어시스턴트를 자처해 벌써 10년의 인연이 이어지고 있습니다."
그는 2012년 교환학생으로 처음 한국에 왔었다. 이후 2015-16년 레지던시로 한국에 더 머물게 됐고 2016년, 한국으로 완전히 이주한다. "아트양양을 시작할 때가 생각나요. 전국을 답사 중이던 작가님과 7번 국도를 따라 동해안을 여행하던 중이었어요. 양양에 도착했을 때 스톱을 외치셨어요. 낙산해변이 멀리 보이는 땅, 바로 여기야! 하고 속삭이는 느낌을 받았습니다. 영화 같은 일이었어요." 그의 최근 작품은 물성이 없어, 일정 기간의 전시가 끝나면 해체하고 사라진다. 수장고가 필요하지 않아서 오히려 좋다고, 왜 굳이 물성을 가진 작품만 해야 하는지 반문한다. 평범하지 않은 접근이다. 양양에서 벌인 작업 중 〈노마드포차〉라는 흥미로운 관객 참여형 프로젝트가 있었다. 요리를 좋아하는 그가 할머니들의 레시피로 두부·감자전·옥수수범벅·막국수를 만들어 관객들과 함께 먹고, 노래하고, 춤췄다. 10년간 타지를 떠도는 생활을 이어오다가 '정착'과 '좋은 삶'을 고민하는 한 작가의 질문에서 시작된 일이다. 잘 산다는 것은 무엇일까? 의행식주쾌. 다섯가지 문제에서 인간의 행복에 대해서 고민했다. 설치미술의 영역에서 더 나아가 커뮤니티 아트까지 영역을 넓힌 것이다. 의– 내가 원하는 인간의 모습을 입고 / 행– 내가 원하는 곳으로 가서 / 식– 함께 즐길 수 있는 음식을 나누며 / 주– 좋은 꿈이 깃드는 잠을 청하면 / 쾌– 진정한 삶의 즐거움을 느낄 수 있지 않을까?
동해바다에서 씻고, 설악산에서 잠이 드는 예술가의 삶. '지역, 삶, 예술' 이 세 가지 요소는 그 과정에서 합쳐져 문화의 씨앗이 되고 양양에서 새로운 싹을 틔운다. 〈노마드포차〉는 강원도 일대, 경기도를 포함해 전국으로 이어지는 연결 프로젝트다. 어쩌면 어느 날 외국에서도! 노마드포차에서 그가 만들어주는 요리를 먹고 싶다면 작가의 인스타그램을 팔로우하길. @hobin.hb

김미례의 도자기는 맛있다

독특한 이력이다. 48세에 도자기를 처음 접했고 전업 작가로서의 삶을 위해 20년 간의 영화 커리어를 미련 없이 떠난 여자. 그녀는 〈8월의 크리스마스〉, 〈아나키스트〉, 〈가시〉등 꽤 알려진 영화의 조감독이었다. 최근 함께 고생한 동료들이 전 세계적인 명성을 얻으며 성공하는 일을 종종 보면서, 아쉬운 생각이 들지 않았을까? "글쎄요, 조금만 더 버텼으면, 어쩌면 좋은 날이 왔을 수도 있겠지요. 그런데 저는 지금의 삶이 훨씬 좋아요. 그때도 사회적으로 성공하려고 하루하루 버틴 게 아니라, 그 시간의 마디마디가 재미있어서 젊음을 불태운 거예요. 지금도 마찬가지예요. 대가를 꿈꾸기보다 매일 작업하면서 무언가를 만들어 내는 순간순간이 너무 소중하고 재미있어요." 작가는 너무 열심히 살지 않으려고 노력한다고 했다. 지나치게 애쓰지 않는다고. 결국은 먹고 사는 일인데, 하루에 3끼 이상 먹는 사람은 없지 않나. 음식하는 것을 즐기는 김미례 작가의 최근 작품들은 당장 부엌에서 사용할 수 있는 그릇이나 소품이 많다. "지금은 물레작업이 재미있어요. 얼마 전 전기가마도 들여놓아 너무 기분이좋습니다." 유쾌한 김미례 작가와 함께 나만의 도자기를 만들어 보는 즐거운 경험을 하고 싶다면, 아트양양의 도자기 작업실로!

최성의 도자기는 즐겁다.
"원래는 호텔 전공이었어요. 화가였던 아버지의 영향으로 어렸을 때부터 예술이 항상 주변에 있었고, 예술가로 산다는 것이 물처럼 자연스러웠던 것 같아요. 그래서 예술에 대한 열정이나 목마름이 없었다고나 할까요? 그런데 어느 순간 '호텔경영이라니, 내가 왜 이 공부를 하고 있을까?' 그런 생각이 들었어요. 대학교 4학년 때 자퇴를 하고 다시 미대를 갔어요. 건국대에서 학부와 석사를 했습니다." 최성 작가의 작품은 재미있다. 뿔이 여러 개 솟아있는 병(아니 병처럼 보이지만 어쩌면 병이 아닐런지도 모른다), 외계인처럼 보이는 이상한 모양의 오브제 등…접시 하나만 봐도 울퉁불퉁, 완벽한 원형은 없다. 최성 작가의 작품은 모양이 일정하지 않다. 손작업을 좋아하고, 물레 대신 코일링 작업을 해서 형태를 만들기 때문에 같은 걸 만들고자 의도를 해도 모두 모양과 질감이 다르다. 최성 작가는 실용적인 것보다 무용한 것을 만드는 것에 더 희열을 느낀다. 그래서인지 상상하게 만든다. 바라보는 이에 따라 작품의 쓰임새가 달라질 수도 있겠다. 주물주물 손으로 흙을 만지면서 상상의 나래를 펴보고 싶다면, 최성 작가의 원데이 클래스를 신청해 보면 좋겠다.

모든 이의 이니스프리, 레이크지움

한국에도 이런 풍경이! 호숫가의 갤러리카페 레이크지움(Lakeseum)을 처음 만난 날, 자연 속에서의 소박한 삶을 꿈꿔왔던 건축주가 왜 이곳을 선택했는지 단번에 알 수 있었다. 생명공학자 최문수, 그는 1960년대의 포크가수, 조안 바에즈의 'The Wild Mountain Thyme(야생백리향)'이라는 노래를 좋아했다고 한다. '은빛으로 빛나는 샘물 바로 옆에 사랑의 쉼터를 짓고 그 주변을 온통 백리향으로 꾸미겠다'는 가사처럼 그도 호숫가를 찾아 그만의 백리향 프로젝트를 시작한 것이다.

나 일어나 이제 가리, 이니스프리로 가리. 거기 욋가지 엮어 진 흙 바른 작은 오두막을 짓고 아홉 이랑 콩밭과 꿀 벌통 하나 벌 윙윙대는 숲속에 나 혼자 살리

그가 호수를 좋아하게 된 데에는 예이츠의 이니스프리(The Lake isle of innisfree)란 시도 한몫을 했다. "이니스프리는 늘 동경의 대상이었어요. 시인의 마음 깊숙이 들리던 고향 호숫가의 물결소리가 제 마음도 흔들었지요. 호숫가 옆, 평화로운 삶에 대한 간절한 그리움이 있었습니다. 그런 마음은 스위스 제약회사의 대표로 있던 시절 유럽 여러 곳을 다니면서 더 커졌습니다. 영화 〈사운드오브뮤직〉의 무대인 잘츠부르크의 호수가 바라보이는 언덕이 제 마음을 사로잡았어요. 그래서 은퇴하면 잘츠부르크 같은 곳에서 호수를 보며 살아야겠다고 생각하고 있었는데, 갑자기 팬데믹이 온거죠. 바이러스가 지구를 흔드는 것을 보며 마음이 급해졌어요. 물 좋고 풍광 좋다는 곳은 다 찾아다니며 발품을 팔았습니다. 그래서 아직 은퇴는 안했지만, 조금 빨리 이곳에 오게 된거죠." 그만의 이니스프리, 잘츠부르크를 닮은 그곳을 찾아 시애틀, 뉴질랜드 등을 뒤졌다. 그리고 가평, 양평 등 국내에도 호수가 있는 곳이라면 어디든 찾아다녔다. 양양의 작은 호숫가에 이르렀을 때 마침내 그 긴 여정에 마침표가 찍혔다. 1년 동안 12만 킬로미터를 달린 끝에.

레이크지움은 서양양 IC에서 5분이면 닿는다. 그리 크지도, 작지도 않은 영덕호는 잔잔하고 평화로운 호숫가 풍경을 작은 마을에 오롯이 선사하고 있었다. "이곳은 작은 미술관이예요. 김창열 작가부터, 줄리안오피, 쿠사마야요이, 백남준 등 대중적으로도 알려진 작가의 작품도 있고요. 황순칠, 오수환, 임동승, 오정근 등의 중견 한국 작가들, 마키호소카와, 아키야마 이즈미, 프란체스카 등 해외 작가의 작품도 많이 있습니다. 모두 건축주의 개인소장품입니다. 오랫동안 작가를 후원하고 교류하면서 컬렉팅한 애장품이지요." 이곳을 총괄하고 있는 김난주 관장의 설명이다. 여기 오는 이들이 자연과 예술 작품을 즐기며, 위로받고 치유되기를 소망한다고.

양양은 그동안 예술의 불모지였을지 모른다. 번듯한 박물관이나 뮤지엄, 갤러리가 마땅치 않았다. 그러나 양양의 자연에 이끌려 자발적으로 정착한 이들이 각자의 자리에서 풀어놓은 예술이라는 땅에 새 발을 들여놓는다면 양양을 새롭게 발견할 것이다. 또한 리조트 설해원에 21세기의 다빈치라 불리는 토마스헤더윅이 건축하는 미술관 '더 코어'가 생긴다는 소식을 전한다. 이 미술관은 동해안 최고의 미술관이 되지 않을까 많은 이들이 기대하고 있다. 예술가, 기획자들이 각자 자신의 자리에서 할 수 있는 일이 있다. 향유자들은 그저 그 다양성을 존중하고 즐기면 된다.

글 조은영 편집장

More Information

아트양양 [3]

최헌기 작가가 북경에서 양양으로 옮겨 오면서 시작된 예술인마을 조성 프로젝트로 한국, 일본, 중국 및 다국적인 작가 10명이 모여 시작했다. 2017년부터 단지를 조성하는 중이다. 독채 숙소인 컬렉터 6449 는 완성이 됐고, 아트 호텔, 카페 등은 만들어 지고 있는 중이다.

📍 양양군 강현면 주청1길 64-47 (25007)
📞 033-672-6447
🏠 www.artyangyang.com

컬렉터 6449 [2][4]

두 개의 층을 동시에 또는 따로 사용할 수 있는 숙소다. 방 3개 욕실 3개의 2층과 넓게 펼쳐진 큰 공간으로 구성된 3층이 있으며 8인에서 최대 14명 까지 숙박이 가능하다. 8명 이후부터는 침구 추가 요금이 있다. 공간마다 작가의 작품으로 채운 미술관 콘셉트의 숙소다.

📍 양양군 강현면 주청1길 64-49
📞 010-2034-6255
📷 @collector_6449

원데이클래스 - 도자기 수업

아트양양 내 작가의 작업실에서 도자기 수업이 가능하다.
수업은 2시간, 1회 또는 코스 수업 모두 가능하다. 손으로 하는 코일링 기반, 물레 중 취향에 맞는 작업을 선택하면 된다

📞 010-2034-6255 , 010-9495-7203

레이크지움 [1]

호수멍, 물멍하면서 오리지널 작품들을 감상할 수 있는 갤러리카페다. 잔디 정원, 감나무 그늘, 소나무숲 등 그림 같은 풍경이 호수 앞에 펼쳐진다. 카페의 마스코트, 골든리트리버 로니가 손님들에게 인기만점이다. 강아지를 동반할 수있다.

📍 양양군 서면 영덕안길 64
📞 0507-1311-2163
📷 @lakeseum

Cool Space, Hot Spot
힙하고 핫한 그곳

공간을 보면 사람이 보인다. 어떤 사람이 만들었는지, 어떤 성품인지, 어떤 취향을 가지고 있는지 등 수많은 정보가 담겨 있다. 취향은 공간을 만들고 개별의 점이 모여 선을 이루고 면을 완성하듯 개성 넘치는 지역으로 탈바꿈해 간다.

Editor 정태겸 **Photographer** 이규열

transformation

온천의 달콤한 변신
설온

잘 알려지지 않았지만 설악산 주변에는 온천이 많다. 오색이 대표적이고 인제나 속초 쪽에서도 따스한 물골이 터져 나온다. 양양의 깊은 골짜기 복골도 온천이 나는 동네다. 복골온천은 이 물을 활용해 대중탕과 숙박시설을 동시에 운영하던 곳이다. 위기는 한순간에 찾아 왔다. 코로나19 바이러스가 활개를 치던 시절, 방역을 이유로 대중탕 운영이 불가능해지자 변신을 꾀하기 시작했다. 노부부의 아들 김연찬 대표가 고향으로 돌아왔고 목욕시설이 있던 자리를 카페로 바꾸기로 결정했다. 기왕이면 온천으로 유명한 일본 홋카이도를 모티브로 삼아 복골이 온천의 고장임을 살리려 애썼다. 이곳에 들어설 때 일본에서 보았던 어느 료칸을 연상케했던 데에는 이런 연유가 깃들어 있었다.

안쪽으로 발길을 들였을 때만 해도 일본풍 인테리어의 감성을 잘 살려둔 곳인 줄로만 알았다. 주문을 마치고 내부를 둘러보다 순간 멈칫했다. 그리곤 웃음이 터졌다. 벽에 붙어 있는 수도꼭지와 둥그렇게 올라온 자리. 아, 대중탕을 그대로 탈바꿈해 놓았구나. 직관적으로 알 수 있었다. 마치 화단처럼 길쭉하게 뻗어있는 저곳은 분명히 물이 담겨 있던 곳이겠지. 이제는 방석이 놓이고 손님이 앉아 음식을 맛보며 담소를 나눌 만한 훌륭한 자리로 재탄생했다. 수많은 사람이 몸을 씻던 이 안쪽은 그렇게 과거의 흔적만 남기고 멋진 카페가 되어 있었다.

공간을 리모델링 하는 데에는 반드시 많은 돈이 들어가야만 하는 건 아니다. 결과에 대한 확신이 있고 그에 걸맞는 안목이 있다면 얼마든지 가능하다. 설온은 그게 가능하다는 걸 보여주고 있었다. 아직 따뜻한 온천이 솟아오르고 있으니 밖으로 노천탕을 만들고 손님이 족욕을 즐길 수 있게 한 것도 좋았다. 일본의 온천지역에서 즐겨 만드는 온천푸딩과 나가사키의 카스테라도 훌륭하게 재현해서 내놓는다. 달콤하다. 옛 온천의 멋진 변신이다.

hipsters' paradise

하조대의 랜드마크
더스탠드

양양의 외적 변화를 보여주는 대표적인 장소를 꼽으라면 하조대의 더스탠드가 빠질 수 없다. 조용했던 시골마을과 그 앞쪽으로 드넓게 펼쳐진 바다가 하조대의 옛 모습이라면 이제 해안가 바로 뒤에 들어선 이 건물이 앞으로 변해갈 미래를 보여준다고 해도 과언이 아니다. 규모부터가 압도적이다. 그래서 하조대의 랜드마크라고 하지만, 실상 양양 전체를 통틀어서도 이만큼의 개성있는 디자인과 기능을 갖춘 특색있는 건축도 없기에 양양의 랜드마크라고 부르는 이도 있다.

더스탠드는 복합문화공간을 표방한다. 총 4개의 공간이 각기 다른 성격으로 분류되어 있다. 1층의 더펍, 2층의 라운지 레스토랑, 2층과 3층 카페, 4층 루프탑 인피니티풀. 2층과 4층은 더스탠드 주변의 경치를 두루 조망할 수 있는 공간이기도 하다. 앞으로는 끝도 없이 바다가 뻗어 나아가고 뒤로는 한없이 평화로운 전원의 풍경이 있다. 그 뒤로는 병풍처럼 둘러친 백두대간의 산맥이 웅장한 위엄을 뽐낸다. 이 모든 걸 다 누리기에 평탄한 지형의 하조대는 안성맞춤인 지역이다. 이토록 완벽한 외부 조건을 다 가진 더스탠드의 안쪽은 양양의 자연을 벗 삼아 맛과 향을 즐기는 공간이다. 이른바 F&B(Food & Beverage)라 부르는 모든 것이 다 가능하다.

2층 라운지가 중심이 되어 펼쳐지는 맛의 향연은 고영재 셰프가 책임진다. 그는 이탈리아의 양대 요리학교 중 하나인 이치프를 졸업하고 모데나의 미슐랭 3스타 레스토랑인 오스테리아 프렌체스카나에서 근무했다. 그가 여기에서 보여주고자 하는 건 '강원도의 맛'이다. 직접 로컬식재료를 구해 더스탠드에서만 맛볼 수 있는 메뉴를 만들어낸다. 대표적인 것이 풍기리조토. 양양에서만 나는 잎새버섯을 사용했다. 버섯이 자아내는 풍미가 인상적이다. 지역에서 나는 여러 젓갈을 더해서 완성한 젓갈파스타도 일품이다. 각기 다른 맛이 하나로 더해지면서 변주를 이루는데 오묘한 감칠맛이 입안을 물들인다. 자연에서 얻은 날 것의 양양이 세련된 풍모를 갖춰 감동으로 다가온다.

garden

꽃밭, 꽃내음, 꽃을 닮은 사람
카페화일리

사람이 긴 시간 공들여 가꾼 곳은 순간 눈에 들어오는 경우가 드물다. 자극적인 요소가 적어서 그렇다. 평범해보여도 찬찬히 뜯어보면 비로소 거기에 깃든 손길과 마음이 드러난다. 타지인이라면 좀처럼 찾을 것 같지 않은 양양읍 안쪽의 깊숙한 마을, 졸졸 흐르는 계곡물을 곁에 낀 카페화일리가 그렇다.

이곳의 주인은 김정림 씨. 그는 양양술곳간의 김정녀 씨 동생이다. 외지에 살던 그는 언니를 만나러 온 길에 이곳에 반해 자리를 잡기로 했다. 낚시광인 남편도 바다와 남대천이 있는 양양 정착을 결정하는 데 한몫했음은 물론이다. 원래 막국수를 팔던 가게였지만, 김 씨가 인수한 이후로 완전히 다른 곳으로 변모했다. 커다란 마당에 종류별로 꽃씨를 뿌려 화단을 만들었고, 과실수를 심어 짧은 산책로를 조성했다. 그렇게 몇 년이 지났고 지금은 철마다 다른 꽃이 내내 끊임없이 피어나는 정원이 됐다. 꽃내음이 은은하게 피어나는 가운데 타박타박 걷다 보면 찌뿌드드했던 몸이 깨어나는 것만 같다.

그렇다고 내세울 게 정원만 있는 건 아니다. 손재주도 좋다. 자신있게 내어 준 건 들깨크림라떼였다. 양양의 들깨가루와 크림라떼를 한데 섞었는데 맛이 조화롭다. 디저트도 여러 종류를 구비해 두었다. 인기 많은 오란다도 사근사근 씹히는 고소함이 인상적이었지만, 손수 말린 건과일이나 마시멜로우를 구워낸 쿠키는 이 카페에 더없이 잘 어울리는 맛과 향을 지녔다. 한적한 전원에서 누리는 여유로움이 그립다면 이만한 공간도 드물다. 바다가 아니어도 양양에는 이렇게 보물 같은 곳이 여기저기 숨어 있다.

깊은 산속 가드닝의 정수
Farm11

여기가 정말 예쁜 곳이라는 사실은 뒤로 솟아오른 언덕 위에 올라서서 내려본 후였다. 물론 마당에 서서 보았을 때도 좋았지만, 전체를 한눈에 담고나서야 진가를 알 수 있었다. 이토록 깊은 산중에 들어와서 이렇게 예쁜 공간을 일굴 수 있구나 싶었다.

처음에는 별생각 없이 시작한 일이었다. 강원도 고성부터 정동진까지 구석구석 쏘다니던 중에 발견한 자리가 좋아서 하나씩 둘씩 돌산을 깎고 평지로 다듬어가며 2019년 지금의 Farm11을 만들어냈다. 이 안에는 숙소도 있고 카페도 있고 정원도 있다. 남편 최길순 씨의 뚝심도 뚝심이지만, 제빵부터 시작해 모든 음료를 직접 만드는 아내 송성림 씨의 감각이 더해져서 가능한 일이 아니었을까. 그럼에도 불구하고 도대체 여긴 어떻게 세상에 알려졌을까 싶었다. 그 정도로 산속 깊이 자리하고 있어서다. 듣자하니 계기는 코로나19였다. 해외로 나갈 수 없게된 여행자 몇몇이 양양을 속속들이 여행하다 이곳을 발견하곤 SNS에 사진 몇 장을 올렸다. 그 몇 장의 사진이 사람들을 불러모았다. 나중에는 도저히 감당 못할 정도로 인파가 줄을 이었다.

그저 주변 경치만 좋았다면 이렇게까지 입소문이 나지는 않았을 테다. 아무리 건축물을 예쁘게 지었다고 해도 대중의 눈을 사로잡지는 못했을 거다. 세상에 멋진 건물이 어디 한두 군데인가. 포인트는 정원이었다. 가드닝 전문가인 딸이 손수 정원을 하나하나 만들어서 가꾼 것이 이 땅을 조화롭게 보듬어 안는 열쇠가 됐다. 언덕 위에 올라 내려다 보았을 때 감탄을 자아내게 했던 것도 정원의 존재 덕분이다. 팜일레븐으로 올라오는 길에는 수국을 심어두었고, 카페 옆에는 다년생 야생화와 다양한 품종의 그라스를 배치해 이국적인 느낌을 살렸다. 식물은 시간의 흐름을 시각적으로 보여준다. 그래서 정원은 사계절마다 각기 다른 아름다움을 담아내는 그릇이 된다. 그라스가 많아서 붙여진 이곳의 이름은 '한들한들 정원'이다. 팜일레븐의 11은 이 부지가 11에이커의 땅이어서 붙인 이름이다.

해변의 지킬 앤 하이드
고스트비치

낮과 밤, 평일과 주말의 모습이 이렇게까지 달라질 수 있을까 싶다. 하나의 공간이 완벽하게 달라진다. 양양에서 제일 핫한 곳 중 하나라는 서피비치, 그 안에 단정하게 자리한 고스트비치의 얘기다. '고스트비치'라고 하면 유령이 나오는 해변이라는 의미인가 싶은데, 사실은 'GO eaST'를 줄인 명칭이다. 이름부터 요즘 세대의 감각이 엿보인다. 본 의미와는 별개로, 여기가 보여주는 양면성을 감안하면 유령 같다고 해도 크게 틀리지는 않을 것 같다.

고스트비치가 있는 서피비치의 원래 지명은 중광정해수욕장이다. 군사보호지역으로 묶여 있다 최근 68년 만에 해제됐다. 긴 해안선과 하얀 모래사장은 순수한 동해의 자연을 그대로 보존하고 있었다. 사람의 손을 타지 않았으니 당연한 일이다. 이곳에 처음 자리를 잡고 사람들의 발길을 불러모은 곳이 고스트비치였다. 군더더기를 다 빼버린 미니멀한 디자인에 아이보리 컬러를 입힌 외관과 블랙으로 포인트를 살리고 멀끔하게 정리한 내부 인테리어. 한낮의 고스트비치는 바다에서 놀던 이에게 진토닉이나 하이볼처럼 도수가 낮고 시원하게 들이킬 음료를 제공하는 공간이다. 다녀간 사람들이 인터넷에 남긴 평가를 보면 대체로 '예쁜 양양의 바다를 가장 잘 누릴 수 있는 곳'이라는 의견이 대다수를 이룬다. 그런 곳이다. 낮에는.

주말이 찾아오고 저녁이 되면 모든 것이 확 바뀌어 버린다. 내부에 화려한 레이저가 쏟아지고 DJ가 지금 가장 힙하게 소비되는 음악을 틀어준다. 심장을 자극하는 비트에 춤은 저절로 따라 나온다. 차분했던 낮의 공간이 해가 지면서 클럽으로 뒤바뀌는 셈이다. 여기에 수시로 파티가 열리고 비정기적으로 팝업스토어를 열어서 손님의 발길을 더 많이 잡아 끈다. 여기까지 확인하고 나면 도대체 여기를 뭐라고 정의해야 할지 난감해진다. 운영자 측은 '프라이빗 웰니스 비치클럽'이라고 이름 붙여 놓았지만, 역시 단박에 정체성이 드러나진 않는다. 비교적 근접한 단어를 가져다 붙이자면 '복합 문화공간' 정도. 여기에서 서핑 강습까지 해 주고 있다는 걸 감안하면 이게 그나마 제일 나아 보이긴 하다. 그런데, 그러고 보니 이런 생각이 든다. 이곳의 정체성을 규정짓는 일 따위가 대체 무슨 의미가 있담? 필요한 대로, 마시고 즐기고 즐겁게 양양의 시간을 만들 수만 있다면 그만 아닌가? 그런 목적에는 아주 충실한 곳이니, 그거면 된 거다.

More Information

설온 1
- 양양군 강현면 복골길201번길 58
- 010-6694-4008, 0507-1400-4008
- 11:00~18:00, 매주 수 휴무
- @cafe_seol.on
- ₩ 온천푸딩 5,500, 카스테라 5,500, 버터크림라떼 7,500

더스탠드
- 양양군 현북면 하조대해안길 79
- 1533-3479
- 09:00~22:00 (시즌 및 매장별로 영업시간 다름)
- @official_thestand
- ₩ 피오리 파스타 27,000, 젓갈파스타 27,000, 부라타 뽀모도로 파스타 27,000, 감자 뇨끼 27,000, 풍기 리조토 28,000

고스트비치
- 양양군 현북면 하조대해안길 144
- 033-671-9051
- 평일 10:00~24:00, 주말 10:00~02:00
- @gostbeach_official
- ₩ 진토닉 10,000, 하이볼 12,000, 그린 라이트 12,000, 비치 크러쉬 12,000

카페화일리 3
- 양양군 양양읍 거마천로 569
- 033-673-6809
- 10:00~20:00, 매주 화 휴무
- @hwailri
- ₩ 과일블러섬티 6,500, 들깨크림라떼 6,500

Farm11 2
- 양양군 서면 원당골길 42
- 0507-1332-3716
- 11:00~18:00
- @farm11_yangyang
- ₩ 에스프레소 4,500, 바닐라라떼 6,500

Sleep Tight!
좋은 잠

휴가지에서도 좋은 잠은 필수다. 해변을 따라 수도 없이 많은 리조트와 호텔이 늘어서 있지만, 이번만큼은 조금 다른 선택을 해 보자. 여기 이토록 개성 넘치는 숙소가 당신을 기다리고 있으니 말이다.

Editor 정태경 **Photographer** 이규열

정성 가득한 명품 한옥 두 채
만송재

양양읍 바로 근처. 심지어 곁에 양양 톨게이트가 있어서 어디로든 다니기 좋을 위치였다. 멀지 않은 곳에 남대천이 있고, 그곳으로 향하는 거마천이 이 집 곁으로 흐른다. 천변의 한옥. 밖에서 볼 때는 안쪽이 좀처럼 보이지 않는데, 정성들여 키운 화단을 따라 들어가니 안쪽에선 밖이 훤히 보인다. 한옥이기에 가능한 닫힌 듯 열려있는 구조다. 알고 봐도 신기하고 오묘하다. 짐을 풀고는 내내 마당을 거닐었던 건 이 구조가 주는 매력 때문이었다.

이 집은 한옥 목수인 남편 이병진 씨가 짓고 아내 노화정 씨가 한땀 한땀 바느질하듯 가꾼 가족을 위한 첫 한옥이다. 남의 집만 짓다가 처음으로 자신들을 위해 지은 집이니 구석구석 정성이 깃들지 않을 수 없다. 재료는 양양의 깊숙한 숲속에서 얻은 금강소나무, 그중에서도 황장목이다. '만송재'라는 이름은 이 집이 어디서 왔는지를 엿보게 한다. 자리를 펴고 누우면 궁궐 짓는 옹골찬 나무의 그윽한 내음이 편안한 잠결로 이끌어주는 것만 같았다.

부부는 이 집에서 6년을 살고 숙소로 내놓았다. 그리고 한 채를 더해 한옥스테이 만송재를 완성했다. 좋은 공간은 모름지기 문을 열고 들어서는 순간부터 서비스를 시작한다. 공간으로 어떤 이야기를 들려주려 하는지를 오감으로 느끼게 한다. 손님이 발을 들이면서부터 편히 쉴 수 있도록 배려하고자 하는 주인 부부의 마음이 보인다. 자연의 색이 살아 있는 나무로 지은 공간과 직접 놓은 자수로 완성한 소품의 배치가 그렇고, 주방에 놓인 기물이 그렇다. 아침에 문간으로 넣어주는 조식에서도 정성이 그득 느껴진다. 기왕이면 식사는 삼면이 탁 트인 누마루에 앉아서 즐기는 게 좋겠다. 고즈넉한 집의 풍광을 만끽할 장소가 여기다. 연인 혹은 부부가 둘만의 시간을 보내고 싶다면 새로 지은 사랑채가 좋겠다. 겉으로는 아담해 보이지만, 멋드러진 침실과 안쪽에 마련한 자쿠지가 일품이다. 노화정 씨가 정성스럽게 가꾸고 있는 정원도 쉼의 시간에 기쁨을 더해준다. 만송재는 커플이든, 대가족이든 누구에게나 좋은 선택이 될 만한 곳이다.

1, 2 광경원 3. 무브먼트스테이 양양

몸과 마음, 에너지 업!
광경원

시끌벅적한 해변과는 확실히 다른 골목이다. 소나무숲 너머로 바다가 내다 보이고 주변에는 그 흔한 술집 하나 보이지 않는다. 임광일 씨 부부는 남애3리의 조용한 포구마을이 좋았다. 심지어 길을 지나다 눈에 띈 복숭아밭을 골랐다. 운명처럼 만난 그 자리에 부부의 이름을 한 글자씩 따서 '광경원'이라는 이름의 건물을 지었다. 임광일 씨는 당초 서울에서 설계사무소를 운영하던 건축설계사였다. 운동을 좋아하는 그와 도예가였던 아내가 각자 좋아하는 걸 하며 쉴 수 있는 휴식처로 꾸몄던 이곳이 이제는 모두의 휴식지가 됐다. 광경원은 펜션 그 이상의 공간이다. 서핑을 배우고 즐길 서핑샵이자 커뮤니티이고 직접 개발한 메뉴를 선보이는 카페이기도 하다. 지하에는 와인셀러도 있다. 양양에 와인을 즐길 만한 곳이 많지 않아서, 부부가 좋아하는 와인을 직접 골라 손님도, 부부도 즐길 수 있도록 만들어 두었다. 여기에 마라톤, 크로스핏, 사이클, 요가까지 가리는 것 없이 운동을 즐길 프로그램까지 갖추고 있다. 이런 곳을 뭐라 불러야 할까. 콕 짚어 부를 명칭이 마땅치 않다. 이곳을 단순한 부티크 펜션이 아닌 복합문화공간이라고 칭한 이유다.

메인 건물의 1층은 카페지만 2층은 통째로 짐(gym)이다. 여기서 요가와 크로스핏을 손님에게 가르쳐준다. 필요한 온갖 운동기구가 다 모여 있다. 어지간하면 이 공간도 방으로 꾸며 손님을 더 받을 법한데, 부부는 운동을 할 수 있는 공간이 더 중요하다. 3층은 2인이 묵을 방 두 개가 있다. 남애리의 앞바다가 내다 보이는 풍광이 멋진 공간. 4인 이상의 손님을 위한 방은 부속건물에 별도로 마련해 두었다. 좁은 부지에 협소주택의 건축방식을 이용해 길쭉하게 지어 두었다. 방은 모두 복층으로 이루어져 있어 4명이 지내기에 부족하지 않다. 모던한 느낌의 건축이지만 한국의 아름다움이 곳곳에 풍겨난다. 서핑에 진심, 건강한 몸과 마음에 진심인, 서핑 플러스 알파를 원하는 이가 오면 좋을 곳.

당신의 취향을 위하여
무브먼트스테이 양양

낙산해변에 변화가 일고 있다. 그리고 무브먼트스테이 양양은 그런 변화를 만들어가는 숙소 중 하나다. 과거 우리가 기억하는 낙산은 어떤 모습이었는지 생각해 보자. 가까이에 낙산사와 홍련암이 있어서 찾는 이가 많아 크고 작은 가게가 밀집해 있었다. 밤이면 바다를 찾아온 사람으로 붐비는 곳. 그만큼 지난 시간 양양을 대표하는 해변으로 자리하고 있었다. 그런데 최근 낙산해변이 변하고 있다. 군집을 이루던 가게 자리에 고층 빌딩이 속속 들어서고 있다. 그렇다고 낙산해변이 온통 난개발에 휩싸여 있는 것만은 아니다. 상대적으로 인적이 뜸한 양양읍 방면에 고급스러운 숙박시설이 하나둘 만들어지는 중이다. 그리고 이런 변화를 이끄는 곳 중 하나가 무브먼트스테이다.

무브먼트스테이는 기존의 펜션이나 고급 숙소에 비해 남다른 면모가 강하다. 가격은 크게 부담스럽지 않은 수준이다. 안팎에서 누릴 모든 것은 세련미의 정점을 보여준다. 최상위권의 여느 호텔과 비교해도 뒤지지 않을 인테리어를 갖췄다. 이게 가능한 건 이곳의 뒷배경에 라이프스타일 브랜드 무브먼트랩이 있기 때문이다. 개성 넘치는 여러 브랜드의 제품을 모아서 공간을 구성해 보여주는 방식으로 호평을 받아온 무브먼트랩은 스테이를 통해 실험을 이어가는 중이다. 여행 중에 잠을 자기 위한 숙박시설을 넘어서서 새로운 리빙스타일을 경험하고 나의 취향을 찾을 수 있도록 하겠다는 것. 다시 말해 기존에 없던 새로운 공간 편집서비스다. 이천과 양양 두 군데에 운영 중인 무브먼트스테이 중 차분한 분위기로 꾸며놓은 양양은 '감'과 '섬'을 주제로 두 동을 꾸몄다. 주차장에서 계단을 따라 올라가면 드러나는 무브먼트스테이의 안온함. 초록과 나무, 모던한 직선과 색감이 인공과 자연의 조화로움으로 잘 버무려 놓은 느낌이다. 이곳이라면, 온전한 휴식을 기대해 봐도 좋을 것 같다. 멤버쉽에 가입하면 숙박 할인이 크다.

독보적인 예술가의 감성
컬렉터6449

창문 밖 풍경에 시선을 빼앗겼다. 여기에 이런 자리, 이런 풍경이 있었나 싶다. 낙산사 해수관음이 보이는 왼편부터 양양공항이 있는 오른편까지 양양의 경관이 파노라마로 펼쳐지는 곳. 대체 여길 어떻게 찾았을까? 절묘한 위치다. 낙산해수욕장에서 차로 5분이면 닿을 시골마을 안쪽, 최헌기 작가가 빚어올리고 있는 아트양양 초입에 선 컬렉터6449라는 이름의 스테이는 주변 환경도, 경치도, 내부의 구성까지 모든 것이 압도적인 명품이었다.

아트양양은 존재 자체가 독보적인 예술인의 마을이다. 세계적인 인지도의 현대미술작가 최헌기가 양양에 터를 잡으면서 이 마을의 밑그림을 시작했다. 최작가는 부지 전체를 하나의 캔버스로, 하나하나의 건축물을 작품처럼 접근하며 만들어 나가는 중이다. 각기 다른 디자인과 구성, 기능을 갖춘 건물은 진행 중인게 많지만, 이중에서도 가장 선두에 서서 양양의 바다를 바라보고 있는 건물이 컬렉터6449다. 숙소는 2층과 3층으로 나뉘어 있는데, 방을 하나씩 사용하는 것도 가능하고 여럿이 모여 전체를 대관할 수도 있다. 따로 혹은 같이. 이 숙소의 기능적 이용방식을 설명하자면 이 표현이 가장 알맞을 듯하다. 1~2인의 여행자가 개별 방을 이용하기도 하지만, 여럿이 모여 파티를 즐기는 경우가 많은 것도 이런 숙소의 형태에서 기인한다. 2층에는 공용 거실과 주방이 있고, 안쪽으로 각기 다른 방 3개가 자리한다. 층계 위 3층은 넓은 공간에 2~6인 정도 머물 수 있고 독채로 또는 2층과 연결해서 쓸 수 있다. 처음 이곳에 들어서서 공간에 매료됐다면, 시간이 흐르고 난 후에는 이 공간의 작품에 관심이 쏠린다. 각각의 방마다 걸려있는 세계적 작가들의 작품은 볼수록 범상치 않다. 특히 3층의 최헌기 작가의 설치물과 작품이 눈길을 끈다. 그의 작품세계는 컬렉터6449에 머무는 동안 그의 작업실에 방문하면 더 자세히 알 수 있다. 작가가 있는 갤러리 스테이의 즐거움을 한껏 느껴보자. 또한 투숙객을 대상으로 하는 맞춤 도자기수업도 있다. 아트양양에 작업실을 두고 있는 도자기 작가들과의 협업으로 탄생한 특별한 프로그램이다. 양양의 시간을 조금 특별하게 채워보고 싶은 이라면!

반전있는 민박, 비범하구나!
기영이네민박

설악관광의 출발점. 과거 양양에서 가장 유명했던 숙박지인 오색리 민박촌에 있는 숙소다. 한때 영화를 누렸던 민박촌이 바닷가 펜션에 비해 인기가 떨어진 것이 사실이지만 '기영이네민박'은 다르다. 감각있는 딸내미, 기영 씨가 한옥 분위기의 구옥을 이국적인 지중해풍으로 완벽히 탈바꿈시켜 '민박'이란 이미지와는 상당히 거리가 있는 감성숙소로 만들었다. 골목에 들어서면 아! 저집이구나, 단번에 알 수 있다. 담장부터, 대문부터 뭔가 다르다. 곳곳에 둥근 곡선을 과감하게 사용한 집은 마치 튀르키예 카파도키아에서 묵었던 동굴호텔을 연상케 했다. 화이트를 기본삼아 과감한 컬러로 곳곳에 포인트를 준 것도 아름답지만 감각적인 조명, 가구, 패브릭, 화분, 액자, 거울이 집안 구석구석을 찬찬히 들여다보게 한다. 사진 찍고 싶은 공간이 가득하다. 방은 총 3개, 화장실 2개, 최대 6인까지 머물 수 있다. 분리주방은 식탁도, 기물도 아름답다. 넓은 마당에 홀로 나와 별 보는 시간, 아침 일찍 의자에 앉아 아무것도 하지 않은 시간이 참 좋았다.

그리고 기영 씨 부모님이 계신 정겨운 옛날 슈퍼마켓이 옆집이라, 이것저것 필요한 것을 챙길 수 있다. 여름에도 밤이면 기온이 쑤욱 내려가는 오색리의 휴가는 분명 색다른 기분이다. 겨울엔 너무 추워서 숙소 운영을 하지 않는다고 할 정도로 오색리의 온도계는 다른 곳보다 몇 도가 더 낮다. 하얀 담장이 문밖 세상과 안쪽을 단절시켜 주는 듯, 머무르는 모든 시간이 편안하고 포근했다. 바로 앞엔 설악산 계곡물이 졸졸 흐르고 있다. 별세계다. 바다의 번잡함보다 자연에 묻힌 산속 휴가가 맞는 이라면 기영이네민박에서 좋은 시간을 보낼 것이 분명하다.

1990년대 캠퍼의 느낌
하조대 카라반

카라반에서 잔다는 건 나름의 매력이 충분하다. 내가 원하는 여행지에서 불멍과 BBQ를 즐긴다는 건 캠핑과 비슷하지만, 별도의 텐트 피칭이 필요없고 정리의 과정도 간편하다. 모든 게 구비되어 있어 여행지 도착과 동시에 원하는 모든 걸 즐길 수 있다는 것도 장점이다. 그럼에도 캠핑과는 또 다른 종류의 불편을 감수해야 할 지점도 확연히 존재한다. 그래서 캠핑이 한창 유행할 때 많은 사람이 말했다. 카라반은 한국 땅에 어울리지 않는다고. 땅덩어리가 넓은 미국이니까 가능한 문화라고. 그런 이들의 목소리는 이제 쑥 들어가게 생겼다. 불과 10년도 채 되지 않아 새로운 숙박의 형태로 우리나라에서도 확실하게 자리 잡아가는 중이니 말이다.

하조대에 머무를 계획이라면 카라반은 충분히 경쟁력 있는 선택지다. 우선 하조대 카라반이 도입한 기종은 미국에서도 프리미엄으로 취급하는 'Coachmen RV'다. 그것도 한정판. 이 캠핑 트레일러의 특징은 뭐니뭐니해도 1990년대 미국 캠핑 감성이다. 오리건 주 컬럼비아 강 어딘가에 트레일러를 멈춰 세우고 화로대에 불을 피워 버번 위스키를 홀짝이는 캠퍼가 좋아할 법한, 그런 느낌이 진하게 배어 있다. 이 빈티지한 느낌의 카라반이 하조대의 바닷가에도 꽤나 잘 어울린다. 게다가 2인, 3인, 4인, 여럿이 묵을 수 있는 카라반이 다양하게 구비되어 있다. 캠핑을 좋아하는 이라면, 장비 없이 훌쩍 몸만 떠나도 되는 카라반을 이용해 볼 법하다. 모든 게 준비돼 있다. 제빙기는 생각도 못했는데, 이것마저 갖춰져 있으니 아이스 아메리카노에 위스키 온더락까지 다 가능하다. 집을 구할 때는 동네를 중요하게 생각하면서도, 숙소에선 주변환경을 놓치기가 쉽다. 사실 짧게 머무를수록 동선을 줄여주는 최적화된 환경이 중요하다. 하조대 카라반에서 양양 핫플인 '싱글핀에일웍스'를 마주보고 있는 것도 좋았다. 도보로 하조대 해변과 맛집, 카페를 편한 차림으로 거니는 경험은 특별하다. 더스탠드 루프탑 라운지에서 칵테일 마시며 기분도 내보고, 서퍼 가득한 골목을 탐험하며 양양의 힙한 에너지를 받아보자. 떠나고 싶을 때 언제든 훌쩍 가볍게 길을 나서게 해주는 하조대 카라반에 한번 머물러 보면, 왜 이곳의 만족도가 두루두루 높은지 알게 될 것이다.

More Information

한옥스테이 만송재 1 2 3
📍 양양군 양양읍 거마천로 59-18
📞 033-671-8006
🕒 체크인 15:00, 체크아웃 11:00
📷 @mansongjea
₩ 안채(단독형) 370,000~460,000(최대6인)
  사랑채(자쿠지) 370,000~480,000(최대3인)

양양 아트펜션 광경원 5
📍 양양군 현남면 갯마을길 29
📞 033-672-9200
📷 @kyungbae_unni_yangyang
₩ 80,000~340,000

컬렉터6449 4
📍 양양군 강현면 주청1길 64-49
📞 010-2034-6255
🕒 체크인 15:00, 체크아웃 11:00
📷 @collector_6449
₩ 2층(최대8인) 557,000~737,000
  3층(최대6인) 417,000~517,000

기영이네민박
📍 양양군 서면 안터길 34
📞 010-8797-4553
📷 @giyoungcasa
₩ 300,000 (최대4~6인)

무브먼트스테이 양양
📍 양양군 양양읍 일출로 166-30
📞 070-5217-2331
🕒 체크인 15:00, 체크아웃 11:00
📷 @movement_stay
₩ 멤버십 190,000, 정상가 280,000

하조대 카라반
📍 양양군 현북면 하조대2길 48-43
📞 010-3458-2628
🕒 체크인 15:00, 체크아웃 11:00
📷 @hajodae_caravan 🏠 hajodaecaravan.kr
₩ 평일 160,000~200,000, 주말 180,000~220,000,
  준성수기 180,000~240,000, 성수기 280,000~310,000,
  극성수기 300,000~350,000

YY Gourmet Guide
양양 맛지도

옛 추억이 깃든 면모가 많으면 많을수록 매력적인 시대다. 외지인이 잘 모르는 추억일수록 더 호기심을 불러일으킨다. 여기에 새로운 것이 더해지면 선택의 폭이 넓어지기 마련. 양양이 호평을 받는 이유다. 보면 볼수록 맛의 지도가 넓다.

Editor 정태겸 **Photographer** 이규열

1. 섭국 2. 뚜거리탕 3. 째복탕

사라져가는 양양의 토속음식

막국수, 회 등 양양하면 생각나는 동해안 대표 먹거리가 있다. 이에 더해 완만한 지형을 갖춘 양양의 바다에서 두드러지게 자랑할 만한 '섭'도 양양 여행을 즐겁게 해 줄 또 하나의 식재료. 양식이 되지 않으니 자연산일 수밖에 없는데, 점점 수확이 줄어들고 있다. 바다 속으로 들어가 바위 지형을 찾아 따오는 섭은 다른 말로 홍합이라 부르는 여타의 담치와는 그 크기나 맛에 차이가 크다. 포구가 많은 강원도의 국물은 고추장을 풀어서 끓이는 게 특징인데, 섭을 넣어 끓이는 섭국도 그렇다. 팽이버섯과 부추를 넉넉하게 넣어서 끓인 이 뜨끈한 국물이 해장으로도 그만이다. 근래 개체 수가 눈에 띄게 줄어들어 그런지, 큼지막한 섭이 아닌 잘게 토막 낸 섭국을 받아드니 섭섭하다. 식당 사장님의 속앓이는 더하겠지만 말이다. 뚜거리탕도 양양 여행에서 반드시 먹어보길 바란다. 국물은 섭국과 비슷하다. 고추장을 푼 장국물에 부추와 채소를 듬뿍 넣어 끓였다. 여기에 주인공으로 자리하는 '뚜거리'라는 녀석은 형체를 알아보기 어렵다. 추어탕처럼 잘 갈아 넣어서다. 뚜거리는 양양과 강릉의 하천에서 잡히는 민물고기인데 백로가 쿡쿡 부리로 찔러서 잡는다 하여 '꾹저구'라고도 부른다. 표준어는 꾹저구, 뚜거리는 양양 방언이다. 생긴 건 앙증맞은데 맛은 기가 막히다. 미꾸라지가 아닌 꾹저구로 끓이는 양양식 추어탕이라고 이해하면 될 듯하다.

째복은 많은 사람에게 생소할지도 모르겠다. 이름만 들어선 복어의 일종인가 싶지만, 실상 동해안의 백사장에 서식하는 조개를 이르는 사투리다. 원래 이름은 비단조개. 양양 해안가를 걷다보면 무늬가 예쁜 조개를 줍곤 하는데 이것이 째복이다. 양양의 째복 요리는 꽤 흥미로웠다. 섭국처럼 얼큰하게 끓이는 째복국, 멀겋게 고유의 맛을 살린 째복탕, 그리고 막걸리와 함께 하면 일품인 째복전, 신선하게 즐기는 째복물회까지! 양양의 별미다.

양양이 자랑하는 식재료로 빼놓을 수 없는 건 뭐니뭐니해도 역시 송이버섯이 아닐까. 양양은 전국에서 첫손에 꼽는 송이의 산지다. 금강소나무 숲이 우거진 최고의 소나무 서식지여서 가능한 일이다. 그 아래에서 가을마다 캐는 송이버섯의 향이란 두말하면 입 아프다. 탕으로 끓여 향을 오롯이 살린 게 가장 좋지만 쇠고기와 함께 구워내는 것도 우위를 다툰다. 물론 결대로 쭉쭉 찢어 기름소금에 콕 찍어 먹는 걸 최고로 치는 이도 적지 않다. 자연의 선물이라 일컫는 양양송이는 9~10월에 채취하여 신선하게 즐기면 제일 맛있다. 제철이 아니더라도 섭섭해말자. 냉동으로 잘 보관한 송이를 넣은 송이덮밥, 송이칼국수 등의 메뉴로 양양송이를 만날 수 있으니까.

4. 카페힐러스의 솔방울 젤리 5. 인도네시아 음식을 내는 와룽빠뜨릭 6. 메밀꽃 배경의 포토스팟으로도 인기가 많은 메밀라운지

트렌드의 향연

양양에서 이런 음식을 먹는 날이 올 줄이야. 십수 년 전까지만 해도 외지인은 으레 회를 찾았는데, 이제는 골라 먹기에도 벅찰 만큼의 트렌디한 음식점들이 속속 자리를 잡아간다. 낮에는 파도를 타고 저녁이면 시원한 맥주에 맛깔난 음식을 찾는 서퍼들이 모이면서 버거나 파스타 등을 즐길 수 있는 식당이 하나 둘 들어서기 시작했다. 인구해변, 죽도해변을 중심으로 퍼져나가기 시작한 양식, 퓨전 식당의 창업 도전기는 이제 어느정도 마무리되었고 대한민국 어디 내놓아도 꿀리지 않을 만큼의 실력자들이 속속 자리를 잡았다. 이국적인 동남아시아 퀴진을 선보이는 식당도 추천할 만하다. 인도네시아의 미고랭이나 나시고랭은 세계적으로도 맛있기로 공인된 음식이다. 볶음국수인 미고랭은 짭쪼름한 맛으로, 볶음밥인 나시고랭은 고슬고슬하게 익혀낸 고소함으로 승부를 건다. 발리에 드나들던 서퍼들의 그리움 때문일까? 인도네시아의 음식을 양양에서 제대로 즐길 수 있다. 서핑을 하는 패트릭 사장님이 운영하는 와룽빠뜨릭(빠뜨릭은 패트릭을 인도네시아식으로 발음한 것, 패트릭의 집이란 뜻이다.)은 동산해변의 발리다. 태국음식을 파는 인구해변의 태국음식점, 하이타이드. 여기 사장님 또한 서퍼다. 이른바 1세대 서퍼라 부르는 서핑문화를 일궈낸 세대 중 한 명이다. 헌데 음식도 잘한다. 똠얌꿍이니 팟타이, 꿍팟퐁 커리, 쏨땀 같은 현지음식을 현지보다 더 현지스럽게 잘 만든다. 태국여행을 다녀온 이라면, 그때의 기억이 자꾸만 태국음식의 향긋한 내음을 갈구하게 한다면, 인구해변을 찾아도 될 법하다.

한여름의 인구해변 뒷골목을 걷다 보면 만나게 되는 하얀 메밀꽃밭. '여기에 왜 메밀밭이 있지?'라며 놀랐다면 그 곁의 식당으로 발길을 돌려보는 것도 좋겠다. 여기는 강원도의 메밀로 만든 온갖 창의적인 음식을 선보인다. 강원도 알감자와 봉평 메밀가루로 빚어낸 쫄깃한 뇨끼에 바질크림을 얹어 만든 것부터 범상치 않다. 배가 부르다면 메밀크림을 곱게 올린 메밀크림라떼도 좋겠다. 다양한 브런치와 디저트가 준비돼 있는데, 뭘 선택하든 양과 맛이 뛰어나다. 서울에서 홍보일을 하다가 양양에 정착한 MZ 세대, 정선아 사장의 감각으로 꾸민 메밀라운지는 지금 브런치 식당으로 핫하다. 다른 디저트 전문점도 만만치 않다. 소복하고 얌전하게 담아낸 일본식 빙수를 인구해변의 닌베에서, 솔방울과 송이버섯 모양의 젤리가 있는 북분리 힐러스, 그리고 로컬 재료로 만든 젤라또숍까지 지도 위에 갈 곳들이 빼곡이 채워진다.

서핑 후 시원한 맥주 한 잔이 하고 싶다면? 그러나 복잡하고 인파에 시달리고 싶지 않다면? 하조대 해수욕장이 썩 잘 어울릴지도 모른다. 직접 생산하는 지역 맥주에 더해 제대로 만든 시카고피자를 먹을 수 있다. 에일맥주가 품은 상큼한 향기와 두툼하고 진한 피자 본연의 맛이 양양의 밤을 만족스럽게 해준다.

양조장은 없을까 둘러보다 양양술곳간을 만났다. 올해로 9년째, 깊은 산속에 양조장을 만든 두 부부가 양양 이름을 건 술을 세상에 내놓고 있다. 양양의 멥쌀과 찹쌀을 1대2 비율로 잡고 한계령의 맑은 물로 밑술을 만들어 세 번의 덧술로 완성한 삼양주다. 당도가 낮고 다소 드라이한 맛으로 전통주 마니아 사이에 입소문이 빠르게 퍼지며 양양의 명물로 자리 잡아가고 있다.

7. 메밀라운지의 주인장 정선아 **8.** 보기에도 예쁘지만 맛도 좋은 메밀라운지의 메뉴들 **9.10.11** 양양술곳간 **12.** 와롱빠뜨릭의 패트릭 사장

More Information

해촌
- 양양군 손양면 동명로 81
- 033-673-5050
- 07:00~15:30
- 자연산 섭국 16,000, 자연산 섭탕 50,000, 섭부침개 16,000

어촌마을물회섭국 2
- 양양군 현남면 인구항길 22 2층
- 033-672-2211
- 10:00~21:00, 수 휴무
- 섭국 15,000, 자연산 물회 17,000, 회덮밥 16,000

천선식당
- 양양군 양양읍 월리 남대천로 13
- 033-672-5566
- 07:00~21:00, 일요일 07:00~15:00
- 뚜거리탕 12,000, 뚜거리전골(중) 40,000, 뚜거리전골(대) 50,000

수산항물회
- 양양군 손양면 선사유적로 185
- 033-671-0743
- 09:00~20:00(15:00~17:00 브레이크타임), 수 휴무
- 째복국 14,000, 째복탕(소) 28,000, 째복무침 22,000, 째복전 25,000, 째복물회 17,000

한우랑 송이랑 1
- 양양군 양양읍 거마천로 59-5
- 033-671-9293
- 11:00~21:00, 일 휴무
- 한우불고기버섯전골 12,000, 한우차돌된장찌개 10,000, 송이버섯 싯가

와룽 빠뜨릭
- 양양군 현남면 동산큰길 44-3
- 033-673-8492
- 평일 11:30~15:00, 주말 11:00~17:00
- 나시고랭 11,000, 미고랭 11,000
- @warung_patrick

하이타이드
- 양양군 현남면 인구중앙길 49
- 010-4185-0779
- 평일 10:00~16:00, 주말 10:00~21:00(15:00~17:00 브레이크타임)
- 똠얌꿍 15,000, 그린커리와 밥 13,000, 팟타이 13,000
- @hitide_thaifood

메밀라운지
- 양양군 현남면 인구중앙길 46-38
- 0507-1369-1717
- 화~금 10:00~18:00, 주말 09:00~20:00, 월 09:00~18:00
- 메밀크림라떼 7,200, 메밀라운지 뇨끼 16,000, 프렌치토스트 15,000
- @memille_lounge

싱글핀에일웍스 3
- 양양군 현북면 하조대2길 48-42
- 033-672-1155
- 11:00~22:00(15:00~17:00 브레이크타임)
- 클래식 시카고 피자 26,000, 페페로니 시카고 피자 29,500, 초당옥수수 알 튀김 12,000, 선샤인 골든에일 6,500, 바닐라 밀크쉐이크 6,500
- @singlefin_aleworks

양양술곳간(양조장)
- 양양군 강현면 안골로 221-7
- 033-672-2217
- 10:00~18:00, 주말 휴무

At the Farm
농장에서

양양의 깨끗한 물과 소금기를 머금은 바람은 과일과 채소, 농작물의 맛에 신기한 요술을 부린다. 이천 쌀 생각이 전혀 나지 않을 정도로 찰기 조르르 흐르던 양양 쌀, 지난 해 딸기의 기억을 모조리 지워버린 양양 딸기, 그리고 이국적인 패션프룻(백향과)까지! 여행을 더욱 풍부하게 하는 양양의 농장 이야기.

Editor 이비 **Photographer** 이규열

튼튼한 딸기? 피지컬베리

양양이 원래 딸기로 유명한 지역은 전혀 아니었다. 그런데, 최근 시작한 젊은 농부 김수행이 딸기를 튼실하고 건강하게 키워내면서 양양 딸기가 조금씩 알려지고 있다. '피지컬베리'는 '건강한 농부가 건강한 딸기를 만든다'는 의미로 지은 딸기 농장의 이름이다. 충주에서 온 김대표는 양양에 정착한 가장 큰 이유를 기후로 꼽았다. 다른 일을 하다가 농업으로 전향한 김대표는 제대로 하고 싶어 농대를 갔고, 졸업 후에도 바로 농사를 짓는 대신 1년간 집중적으로 딸기에 대해 더 공부하며 전문성을 닦았다. "양양에 올 때마다 느꼈는데, 여름에는 생각보다 시원하고, 겨울엔 따뜻하더라고요. 해양성 기후라 연교차가 적어서 연료비가 적게 들겠다 계산했지요. 제 생각이 유효했어요."

깔끔하게 관리되고 있는 농장은 온실 3동, 총 재배면적 2480㎡(750평)이다. 혼자 관리하기 쉽지 않을 터인데 일인다역을 하며 다양한 일을 해낸다. 김수행 대표는 만나자마자 딸기라떼를 손수 만들어 내왔다. 곧 이어 주품종인 '설향'과 함께 '샤이투'라는 분홍색 딸기도 시식해 봤다. 생딸기가 씹히는 맛있는 라떼였지만, 역시 막 딴 과일이 최고다. 달콤하고 신선한 즙이 입 안에 가득 고인다. 육질도 탄탄하고 모양도 예뻤다. 이 정도의 맛과 품질이니 현지인도 인정해 줄 만 하다. "11월 중순부터 6월 중순까지는 농장에서 딸기 수확체험을 해요. 주로 인스타그램을 통해 예약할 수 있고요. 생육상태는 일주일에 두 번씩 인스타에 올리고 있습니다." 피지컬베리의 딸기는 로컬푸드에 일부 납품되고 거의 다 직거래로 소화한다고. 당일 수확 당일 소진 원칙이라, 딸기가 남는 날엔 직접 딸기박스를 들고 횟집을 돌아다닌다고 한다. "왜냐고요? 식사하고 나면 디저트가 필요하잖아요. 거의 다 팔리죠." 뿐만 아니다. 딸기 농사가 마무리되고 여유가 생기는 여름엔 해변에서 아르바이트를 한다고 한다. 내년부터는 킹스베리도 품종에 추가한다. 몸도 마음도 건강한 김대표의 튼튼하고 맛있는 딸기를 오래 즐길 수 있길 바란다.

피지컬베리
📍 양양군 강현면 진미로 29-126
📞 010-5518-7179 🕐 10:00~16:00
💰 입장료 6000 수확체험 100g 당 3000
📷 @physicalberry

배 과수원 앞 젤라또 카페

양양의 과일 중 가장 유명한 것은 배다. 조선 초기 『세종실록』 지리지에 토산물로 배가 수록되어 있을 정도로 양양의 배 재배 역사는 오래됐다. 양양 배를 '낙산 배'라고 부르는데, 낙산사 주변이 주 생산지였다 해서 기인한 이름으로 추정한다. 현재는 서면과 양양읍에 농장이 분포되어 있다. 배 과수원집 딸내미이자 배배젤라또 대표인 김혜정 씨를 만났다. 2021년 말 오픈한 젤라또 카페는 가족이 운영하는 '낙산배농장'을 배경으로 자리잡고 있었다. "1933년 할아버지 때부터 배농사를 지어서 지금 4대째 과수원을 하고 있어요. 저는 춘천에서 직장을 다니면서 임용고시를 준비하고 있었습니다. 그런데 어머니와 오빠가 양양의 비치마켓에서 배즙슬러시와 배 소프트아이스크림을 판매해 봤는데 반응이 좋다는 거예요. 예쁜 우리 과수원을 배경으로, 저희 농사짓는 모습도 보여드리고 하면 좋을 것 같아서 젤라또 가게를 함께 기획했어요. 두 분은 농사로 바쁘다보니 제가 로고부터 건축, 인테리어 디자인까지 자연스럽게 관여하게 되었고 어느날부터인가 제가 맡아서 하게 됐어요." 지역에서 창업하는 청년이 로컬 식재료를 활용해 젤라또를 만드는 것은 최근 트렌드 중 하나다. 그런데 배배젤라또의 특장점은 직접 농장을 운영한다는 점이다. 낙산배를 주요 재료로 하고 다양한 신제품을 계절별로 내놓고 있다.

농장은 4,000여 평에 이른다. 과수원의 사계가 카페의 큰 창을 통해 들여다보였다. 붉은색, 노란색 봉지로 싸인 배가 마치 꽃처럼 보였다. 배나무로 가득, 푸르름이 가득한 창가 좌석은 포토스팟으로 인기다.

배 수확은 추석 전후다. 보관 후 창고로 넣는다. 잼, 배즙, 생과, 서리태콩 같은 농산물까지, 젤라또 외에도 이 집에 올 이유는 많다. 가을장마 때 배가 떨어지면 큰 것부터 떨어진다.

"우리집 배가 진짜 달고 맛있어요. 시그니처는 배배 소르베예요. 과일 베이스에는 무조건 다 배가 들어가고요. 체리, 호두, 감, 쌀, 서리태 농사도 지어요. 물론 젤라또의 재료로 쓰지요." 김혜정 씨가 메뉴표식 뭉치를 가지고 왔다. 그동안 개발한 젤라또의 종류다. 살아남은 것, 살아남지 못한 것이 모두 섞여있다. 그러나 메뉴 하나하나가 다 소중하다. "야양 순두부가 유명해요." 양양 콩으로 만든 양양순두부도 인기다. 양양의 옛이름이 야양이라, 야양 순두부라 지었다. 레몽배배, 자몽배배, 용과배배, 선셋배배 등 작명 센스가 돋보인다.

HACCP시설에서 직접 가공한 달여만든 배즙, 피도라지배즙도 판매하고 있다.

배배젤라또
📍 양양군 양양읍 안산길 41
📞 0507-1466-2290
🕐 11:00~18:00 화 휴무
₩ 젤라또 4,500(한가지 맛) 9,000 (두가지 맛)
📷 @baebae_gelato

백향과를 아세요?

백향과? 처음 들어보는 과일이었다. 알고보니 얼마 전 다녀온 베트남에서도 먹었던, 열대과일 패션프루트(Passion Fruit)가 백향과였다. '열정의 과일'이라는 이름답게 원산지는 브라질이다. 짙은 자주빛 과일을 반으로 자르면 노오란 젤라틴 상태의 과육 안에 개구리 알처럼 생긴 씨가 톡톡 씹힌다. 향이 좋고 맛이 달콤해 음료로도 즐기고, 요거트 위에 뿌려 먹어도 그만이지만 스푼으로 조심스럽게 떠서 입에 넣으면 최고다. 열대에서만 봤던 이 과일이 양양에서 난다니 오래살고 볼 일이다.

복실농원에 들어서자마자 김형익, 이복실 부부가 반갑게 맞아 주었다. 아내인 이복실 대표의 이름을 딴 농원은 이제 4년 차다. 부부는 속초에서 살다가 이사를 왔다. 김형익씨는 해설사로 일하고 있고 이복실씨는 아이들을 가르치는 일을 하다가 식물과 꽃을 너무 좋아해 직업도 바꾸게 됐다. 복실 대표가 백향과를 고른 이유는 단순하다. "꽃을 너무 좋아해서 골랐어요. 꽃 보는 재미에. 백향과 과일도 맛있지만 꽃이 얼마나 예쁜지 몰라요."

취재팀이 방문한 시기는 6월. 대롱대롱 매달린 과일은 모양은 갖추었으나 아직은 푸른색이었다. 호텔 디저트 코너에서 반으로 잘린 과일을 본 것이 전부였지 이렇게 나무에 매달린 모습을 본 건 처음이라 꽤 생소했다.

"6월 말부터는 이 과일이 자주빛으로 변하면서 익으면 땅으로 떨어져요. 껍질이 단단해서 상하진 않고요. 그냥 주우면 되니까 특별히 힘들여 따지 않아도 됩니다." 얼마 후 택배로 받은 백향과를 먹어보고 눈이 휘둥그레졌다. 이게 진짜 백향과의 맛이구나!. 모든 과일은 신선할 때가 가장 맛있다더니 그동안 내가 동남아리조트에서 먹었던 패션프루트는 이제 안녕. 이제부터 진짜 백향과를 먹을 거다.

복실농원
📍 양양군 서면 수리1길 42
📞 010-3644-3923

양양 김양희, 이름 내 건 청정 농산물과 들기름

이름 한번 잘 지었다. 김양희는 양양의 딸이다. 양양에서 태어나고 중학교까지 양양에서 자랐다. 춘천 지역의 고등학교에 진학하면서 장승리를 떠났고, 대학은 서울로 갔다. 이후 주욱 도시 생활을 했고 서울에서 가죽 관련 사업을 크게 하다가 2015년 고향에 돌아왔다. 부모님이 하시던 들깨, 옥수수 농사를 이어 들깨 가공까지 하면서 농장의 브랜드를 키우고, 작물을 늘리고, 들기름 브랜드를 론칭했다. 불과 10년도 되지 않은 시간이다. "우리 동네가 일제 강점기 때, 철광산이 있던 지역이에요. 지금 이곳도 광부 사택이 있었던 자리입니다. 폐광한 뒤 놀고 있는 땅이 많아서 그런 땅을 빌려 점차 규모를 늘리다 보니 밭이 이곳저곳에 흩어져 있어요. 다양한 작물을 하고 있는데, 우선 양양하면 송이잖아요. 저희 산에서 송이가 나니까, 가을엔 송이, 대봉감, 봄에는 쪽파, 오가피, 여름엔 미흑찰옥수수, 겨울 농한기엔 참나무 표고를 하고요. 들기름과 들깻가루는 가공 시설을 두고 연중 생산하고 있습니다."

양양김양희 들기름은 지역에서 꽤 유명하다. 맛집으로 알려진 강릉 동해막국수의 들기름 막국수에 쓰이면서 양양김양희 들기름을 기억하는 소비자가 많아졌다. 김양희 대표는 5000여 평 정도의 들깨농장을 남동생과 함께 관리하고 있다. 방문 당시 들깨 모종이 바닥에 깔려 있었는데, 옥수수밭에 심을 요량이었다. 옥수수 수확하기 한 달 전 즈음 들깨 모종을 옥수수 사이사이에 심어두면 옥수수 수확 후 자연스럽게 들깨밭이 된다.

"예로부터 양양 들깨가 인근에서 유명했었어요. 기름을 내면 맛이 진짜 고소해서 홍천, 인제 등에서도 양양에 들깨 사러 오기도 할 정도로 양양 들깨는 품질이 우수합니다." 양양김양희 들기름은 저온압착식으로 짠다. 이름 덕분인지 브랜드 인지도도 꽤 높아서 양양몰이나 강원몰에서도 잘 팔린다. 청정한 이미지가 있는 '양양'을 브랜딩한 김양희 대표의 전략이 통한 것이다. 지난해에는 들깨 11톤을 썼다. 자체 농사로는 1.2톤만 가능해서 나머지는 지역에서 수매해 기름을 생산한다. 최근에는 싱가포르에 들기름을 수출하기 시작했다.

"양양 송이는 전국 송이 입찰가 중 최고가로 낙찰될 만큼 품질이 뛰어나지요. 저희 산에서는 9월 중순부터 딱 한 달 정도 송이가 나는데, 그거 아세요? 송이는 난 자리에서만 나요. 물론 저는 송이 나는 자리를 훤히 알지요. 송이는 품질에 따라 5등급까지 나뉘는데, 킬로당 가격이 백만원까지 나가기도 합니다. 하지만 이걸 소득으로 잡진 않아요. 송이는 그야말로 자연이 준 선물이랍니다."

씩씩한 양양 대표 농부, 양양김양희가 생산한 들기름과 고소한 들깨가루는 양양 여행을 마친 뒤에도 오래도록 소소한 행복을 식탁에 매일 가져다 주고 있다.

양양송이농원
📍 양양군 서면 장승2길 27
📞 0507-1322-5349
₩ 들기름 320ml 26,000 들깨가루 250g 14,000

DIRECTORY
[여행의 작은 사전]

양양 여행자에게 추천하고 싶은
MOVE가 고르고 고른 추천 스팟 63곳.

16   **ACCOMMODATION**

19   **COFFEE & TEA**

28   **RESTAURANT**

| 주소 | 전화번호 | 영업시간 | 가격 |

| 인스타그램 | 홈페이지 | 반려동물가능 |

ACCOMMODATION

Private House

민박&독채 조용하게 지내고 싶다면? 호스트의 개성과 감각을 경험하고 싶다면? 내 집을 떠나 남의 집에 머무르는 경험을 권합니다. (가나다순)

01 기영이네민박 계곡 옆 지중해풍 감성 주택

양양의 전통있는 관광지, 오색리에 있는 기영이네민박은 고즈넉한 분위기의 민박촌 동네에 유럽풍 인테리어로 꾸민 전형적인 한국 주택, 그 감각적인 믹스앤매치가 아름답다. 이 집에서 자란 기영 씨가 구옥을 매만져 감성 가득한 숙소를 완성했다. 구석구석 놓인 소품과 가구, 패브릭, 조명, 액자, 거울 등이 지중해 부근의 스페인이나 그리스에 온 것 같은 풍경을 만들어낸다. 방은 총 3개, 화장실 2개, 최대 6인까지 머물 수 있고 주방은 분리되어 있다. 넓은 마당에 앉아 주택에 사는 기분을 잠시나마 느낄 수 있다. 옆에 살며 슈퍼마켓을 운영하는 노부부는 기영 씨의 부모님. 정겹게 이것저것 챙겨주셔서 마음이 놓이는 따뜻한 숙소, 바로 앞엔 설악산 계곡물이 졸졸 흐른다. 밤이 되면 추우니 긴팔을 챙겨갈 것.

📍 양양군 서면 안터길 34 📞 010-8797-4553 ₩ 300,000
📷 @giyoungcasa

02 무브먼트스테이 양양 새로운 리빙스타일의 경험을 선사하는 숙소

라이프스타일 큐레이션 브랜드 무브먼트랩에서 만든 공간 서비스다. 숙소가 단순히 여행에서 잠을 자는 수단이란 개념을 넘어, 새로운 리빙스타일을 하루라는 시간 동안 온전히 경험하도록 제안한다. 두 채의 독채가 있으며 취향에 따라 방의 조도와 내부 분위기도 확연히 다르니 온라인에서 충분히 보고 고르도록 한다. 리빙 브랜드에서 운영하는 숙소여서 웰컴 키트도 센스 넘친다. 쇼룸을 넘어 새로운 가구 경험을 위해 탄생한 공간이므로 호스트의 따뜻함보다는 비대면으로 체크인하고, 온전하게 프라이버시를 즐기도록 설계되었다.

📍 양양군 양양읍 일출로 166-30 📞 070-5217-2331 ₩ 멤버십 190,000, 정상가 280,000 📷 @movement_stay 🌐 movementlab.kr/mvlstay/mvlstay_yy.html

03 La maison de Xavier 자비에민박 한옥에 이사 온 프렌치 호스트

한옥을 사랑하는 남자, 서울엔 독일인 마크가 있다면 양양엔 프랑스인 자비에가 있다. 한국에 대한 관심으로 1989년 여행 온 후 정착해 30년을 한국에 살았다. 중대에서 교편을 잡다가 은퇴하고 배우로 도전하고 있는 자비에의 두 번째 삶이 양양에서 시작됐다. 2022년 평생 그려온 한옥을 만나 직접 꾸미고 보수하며 프랑스와 한국의 믹스앤매치를 감각있게 풀어냈다. 호스트가 머무는 집, 진짜 에어비앤비의 제대로 된 모습이다. 자비에가 해주는 가정식 프렌치를 즐기며 고즈넉한 북분리를 즐겨보자. 진짜 여행자처럼.

📍 양양군 현남면 북분안길 88 📞 010-6708-0877

04 컬렉터 6449 예술가의 방, 예술가의 마을

낙산해변에서 차로 5분이면 닿는, 풍광 좋은 곳에 위치한 250평, 3층 규모의 주택이다. 컬렉터라는 이름에 걸맞게, 세계적인 작가의 작품으로 주택 내부가 꾸며져 있다. 베이징 기반으로 활동하던 최헌기 작가와 그의 친구들이 양양에 정착하면서 만든 아트양양 내에 현재까지 유일한 숙소이다. 아트양양의 미래 모습에는 카페와 호텔도 있지만 현재는 ing. 2층 단독, 3층 단독으로 각각 예약이 가능하고 2~3층 함께 12인까지 머물 수 있다. 2층엔 3개의 침실과 넓은 공동거실, 주방이 있으며 바로 옆 테라스에서 바베큐를 할 수도 있다. 화목난로에서 군고구마를 굽는 낭만의 시간도 좋겠다.

📍 양양군 강현면 주청1길 64-49 ☎ 010-2034-6255 ₩ 2층(독채) 557,000~737,000 3층(독채) 337,000~517,000 🏠 www.artyangyang.com 📷 @collector_6449

05 한옥스테이 만송재 정성으로 가득한 금강송 하우스

한옥스테이 만송재는 안채와 사랑채 각각 독립적인 두 채의 한옥으로 구성되어 있다. 한옥 목수인 이병진 씨가 직접 자신의 집을 지어 6년을 살다가 스테이로 꾸몄다. 부인인 노화정 씨가 정성들여 가꾼 정원의 꽃을 방안으로 들여 놓고, 직접 수를 놓은 제품으로 곳곳에 전통문양의 장식을 한 안채는 편안한 느낌의 4~6인용 숙소다. 소나무 중 으뜸으로 치는 금강송으로 만들어진 한옥은 들어서는 순간부터 감탄이 나온다. 사랑채는 자쿠지를 포함하고 있는 로맨틱한 커플용 숙소다. 자쿠지에 앉으면 보이는 대나무 정원과 음향 시스템은 부부가 특별히 신경써서 준비한 부분이다. 바구니에 담아 배달하는 조식도 이 집에 머무는 기쁨 중 하나다.

📍 양양군 양양읍 거마천로 59-18 ☎ 010-9159-3440 ₩ 안채, 사랑채 370,000~480,000 🏠 mansongjea.modoo.at 📷 @mansongjea

06 스테이힐러스 힐링은 이제부터 북분리에서!

스테이, 카페, 워크룸으로 구성된 복합문화공간이다. 스테이에는 트윈베드 객실 3개가 있는데 더블베드가 불편한 친구끼리의 여행에 딱 좋겠다는 생각이 들었다. 안락하게 꾸며진 프라이빗 독채는 감탄이 나올만큼 미니멀하고 세련되고 합리적인 동선으로 꾸며져 있었다. 커피가 맛있는 힐러스카페와 함께 운영되고 있어, 언제나 맛있는 커피를 마실 수 있다는 것도 이 숙소의 장점이다. 편안한 동네에서 진정한 휴식을 원한다면 힐러스가 좋겠다.

📍 양양군 현남면 북죽로 112-2 ☎ 0507-1361-0636 ₩ 양양[독채] 330,000~380,000 원룸형 180,000~240,000 🏠 stayhillers.modoo.at 📷 @hillers.kr

DIRECTORY

ACCOMMODATION

Hotels&Resort

가성비 좋은 호텔 위주로 소개합니다.
매년 새로운 호텔이 들어와 곧 최고급 숙박지의 각축장이 될 것 같습니다. (가나다순)

07 E7 양양죽도 바다까지 30초! 여유 넘치는 서핑 스테이

양양 서핑의 성지인 죽도와 인구 해변에서 도보로 갈 수 있는 E7 양양죽도는 태생부터 서퍼 감성의 호텔이었다. 로비에서 1분 내에 푸른 바다로 뛰어들 수 있는 위치는 객실 바다 전망을 더 돋보이게 하는 큰 장점이다. 20층, 462개의 객실을 갖추고 있고 1층에 편의점도 있어 부대시설도 편리하다. 물론 가성비도 좋다. 기본 객실의 구조는 작은 오피스텔 같은 느낌으로 세탁기와 건조기도 구비해 놓았으며 인덕션은 사용할 수 없다. 방이 작다고 느껴지면 거실과 침실이 분리된 프리미엄 디럭스를 추천한다. 가족이라면 침실이 2개인 객실도 있으니 룸타입을 자세히 볼 것.

📍 양양군 현남면 동산큰길 21 ☎ 1600-2350 ₩ 스탠다드 더블 89,000~288,000
🏠 www.emerson7.com @e7hotel.official

08 낙산비치호텔 해수사우나로 힐링

낙산비치호텔은 1300년이 넘는 역사를 가진 낙산사와 함께 낙산해변을 품고 있는 4성급 호텔이다. 2017년 리모델링을 거쳐 세련되고 깨끗하게 탈바꿈했다. 바다 전망, 숲 전망 중 선택할 수 있고 침대 객실 뿐만 아니라 온돌방도 있어서 가족 여행에 편리하다. 숲이 보이는 전망이 좋기로 유명하니 바다 전망이 아니더라도 실망하지 말자. 120여 개의 객실, 4층 규모의 작은 호텔이지만 4층 객실 양 끝에 마련된 옥상정원에서 바다를 실컷 내려다 볼 수 있다. 국내 최초의 해수사우나가 있는 호텔인만큼 깨끗하고 맑은 물로 사우나를 즐기는 것이 이 호텔 투숙의 이유가 되기도 한다. 수영장은 없어도 욕조는 있다. 가성비도 좋은 호텔이다.

📍 양양군 강현면 낙산사로 73 ☎ 0507-1387-0610
₩ 스탠다드 온돌 77,000~218,900 패밀리룸 154,000~460,900
🏠 naksanbeach.co.kr @naksanbeachhotel

09 더앤리조트 온천에 진심이라면?

1200평의 온천 스파 시설을 보유한 가족형 리조트이다. 유명하지는 않지만, 내실 있는 숙소라 아는 사람들 끼리 알음알음 추천한다. 지하 823m에서 하루 1000톤 이상 넘쳐흐르는 약알칼리성 천연온천을 7시부터 운영하는 실내온천 '스파온'과 야외온천수영장인 '가든온'에서 즐길 수 있다. 가든온은 오전 10시부터 운영한다. 특히 하늘과 이어진 듯한 노천온천탕은 겨울에 즐기도 좋다. 다양한 객실형태와 편의점, 카페, 레스토랑, 저녁에 오픈하는 야외펍, 셀프바비큐장 등 은근히 시설이 알찬 리조트 내에서만 있어도 될 정도다. 디럭스더블룸은 기본 객실임에도 불구하고 별도 거실 공간이 있어 부부와 아이 둘이 이용해도 될 만큼 널찍하다. 온천 이용료가 비싸게 느껴지지만 가치는 있다.

📍 양양군 현남면 개매길 260 ☎ 1544-7797
₩ 디럭스더블 159,000~ 패밀리스위트 384,000~ 🏠 thenresort.com

10 브리드호텔 양양 서핑 테마호텔! 젊은 분위기의 편안한 시설

인구해변, 서핑 핫플레이스의 중심에 56개의 객실을 갖추고 근래에 오픈한 브리드호텔은 한화리조트 계열이다. 서핑 콘셉트의 호텔답게 1층에는 보드 보관함이 있고 전자레인지, 세탁기, 건조기 시설을 갖췄다. 객실은 3층부터 5층까지, 2층은 스파와 사우나, 8층은 펜트하우스 구성이다. 수영장과 피트니스 센터는 없지만 노천탕이 있는 사우나를 편하게 이용할 수 있다. 8인이 머물 수 있는 벙커룸과 이층침대까지 있는 라이즈업 엑스라지 객실은 부모님과 아이들을 동반하는 3대 여행객이 머물면 좋다. 객실은 온돌식 난방이라 평이 좋다. 일층의 포이푸 서핑숍에서 편안한 분위기의 프리미엄급 서핑레슨을 받을 수 있다.

📍 양양군 현남면 인구항길 17 📞 033-942-5500
💰 레이드백 스몰(원룸형) 20만원대~ 🌐 www.hanwharesort.co.kr

11 설해원 골프장이 있는 양양 럭셔리 숙소

현재 양양에서 가장 고급 숙소 중 하나다. 골프장을 기반으로 독채형식의 마운틴 스테이, 설해온천, 골프텔 세 가지 타입의 숙소가 있고 부대시설 및 온천, 스파시설이 화려하다. 설해온천 객실동에 모든 편의시설이 집결되어 있는데 지하층의 스파레벨엔 온천사우나, 면역공방, 클라리 스파, 지하2층에는 온천수영장, 서재, 게임룸, 빵집, 카페, 편의점, 노래방, 스크린 골프 등의 편의시설이 있다. 비용을 내고 이용가능한 사우나, 노천스파, 수영장 외에도 면역공방이란 1시간 30분의 찜질 프로그램이 있다. 독소를 배출하고 여행의 피로를 깔끔하게 풀어준다. 추가로 콘도와 뮤지엄, 호텔 등이 이미 착공 단계에 접어들어 앞으로가 더 기대되는 곳. 설해원 골프코스는 대한민국 10대 코스에 8회 선정된 명문 골프코스다. 회원제로 운영

📍 양양군 손양면 공항로 230 📞 033-670-7700
🌐 www.seolhaeone.com 📷 @seolhaeone

12 쏠비치 양양 워터파크가 있는 가족 휴양지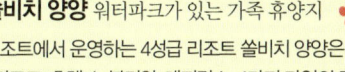

대명리조트에서 운영하는 4성급 리조트 쏠비치 양양은 바다와 산 전망을 모두 갖췄다. 리조트, 호텔, 노블리안, 레지던스, 4가지 타입의 객실 중 가족에게는 취사가 가능하고 한실도 있는 리조트 객실을 추천한다. 커플에게는 원룸 형태의 슈페리어, 디럭스 스위트, 이그제큐티브 스위트 등의 객실이 알맞다. 넓은 공간이 매력적이며, 부대시설이 풍부하다(워터파크와 목욕탕, 한식당 송이. 베이커리카페, 바비큐 등). 전용비치가 있는 점도 추천의 이유다. 워터파크인 오션플레이는 투숙하지 않아도 종일권 구매로 입장할 수 있으며 해수사우나까지 무료다. 반려견 동반시 전용 객실에 머물 수 있다.

📍 양양군 손양면 선사유적로 678 📞 1588-4888 💰 리조트_패밀리취사 (스탠다드뷰/침대) 173,000~348,000 리조트_스위트취사(스탠다드뷰/침대) 213,000~393,000 🌐 www.sonohotelsresorts.com/solbeach_yy

13 코랄로 바이 조선 이국적이고 시원한 바다감성 부티크 호텔

2023년 2월 조선호텔에서 론칭한 객실 40여 개 규모의 작은 부티크 호텔이다. 코랄로는 '산호초'라는 뜻이며, 로비를 들어서는 순간부터 이름처럼 이국적이고 시원한 바다 감성이 묻어난다. 인구해변에서 서핑을 하는 젊은이들 눈높이에 맞춰 로비에는 항상 서핑 영상이 돌아간다. 시각, 청각을 자극하는 감각적인 호텔이다. 객실은 총 다섯 가지로 침구가 편안하고 샤워와 화장실이 분리되어 있는 점이 장점이다. 수영장도 있어 가성비 끝판왕이다. 전 객실 발코니가 있고 어메니티는 프랑스 브랜드 발망을 제공한다. 펫룸도 있어 애견동반도 가능하다. 산타크루즈 다이닝바는 분위기가 좋아 식사겸 술을 곁들여도 좋다.

📍 양양군 현남면 인구중앙길 10 📞 033-630-7600 💰 샤카 140,000~
🌐 www.coralloyangyang.com 📷 @corallo.byjosun 반려동물 가능

DIRECTORY

ACCOMMODATION

For Nature Lovers & Campers

휴양림과 카라반
호텔 수영장보다는 폭포와 계곡 그리고 바다가 더 좋은 이들에게 추천합니다.

14 미천골자연휴양림 자연에 묻힌 청정휴가

산림청에서 관리하고 있는 휴양림으로 예약이 쉽진 않지만 만족도가 높다. 7km의 긴 골짜기 따라 굽이굽이 천이 흐르고, 크고 작은 폭포가 있어 자연에 한껏 동화되는 기분을 느낄 수 있는 숙박지이며 70여 개의 야영장과 숲속의 집, 휴양관, 연립동 등의 시설이 있다. 1992년 7월에 개장했지만 유지, 관리가 잘 되고 있다. 입구에 신라 법흥왕 때 창건됐다는 기록이 전하는 폐사지 선림원지가 있고, 흥각선사탑비와 부도 등 국보급 유산이 있어 문화유적 탐방도 겸할 수 있다. 원시림이 우거진 트레킹 코스도 예술이다. 왕복 약 세 시간의 제3야영장 근처의 트레킹 코스는 투숙객이 아니더라도 이용할 수 있으니 도전해 볼 바란다. 바비큐는 금지되어 있다.

📍 양양군 서면 미천골길 115 📞 033-673-1806 ₩ 비수기 숙박 56,000~ 야영데크 비수기 평일 14,000~ 🏠 www.foresttrip.go.kr/indvz/main.do?hmpgId=0112

15 양양송이밸리자연휴양림 리조트 형 체험 휴양림

남대천에서 멀지 않은 송이밸리자연휴양림은 잘 다듬어져 리조트 같은 분위기를 자아낸다. 글램핑을 비롯한 다양한 숙박시설, 교육과 체험시설, 레포츠시설 등이 갖추어져 있다. 특히 백두대간 탐방로, 전망대, 데크로드, 수목원, 어린이 숲놀이터, 잔디광장, 생태연못 등이 조성되어 야외 생태체험이 가능하다. 송이생태관에서는 양양 특산물인 송이버섯의 생육환경 및 과정을 이해할 수 있도록 숲디오라마 및 송이에 관련한 방대한 지식을 잘 전시해 두었다. 580m를 슈퍼맨처럼 엎드려서 탈 수 있는 '하늘나르기', 스릴이 넘치는 '짚라인', 숲 속의 정취를 가까이에서 느낄 수 있는 '숲속기차' 등의 시설이 있어 오래 머물러도 지루할 틈이 없다. 모든 체험활동은 화요일 휴무다. 예약 시 참고할 것.

📍 양양군 양양읍 고노동길 98-50 📞 033-670-2644 ₩ 목재 체험동 70,000~120,000 연립동 50,000~100,000 야영 일반데크 30,000~50,000
🏠 www.foresttrip.go.kr/indvz

16 하조대카라반 미국 레트로 감성의 한정판 카라반

서퍼들이 사랑하는 하조대, 서피비치를 가까이에 둔 하조대카라반은 카라반에 대한 경험이 있는 이라면 묵고 싶어할 이유가 분명히 있다. 캠퍼들의 워너비인 한정판 캠핑 트레일러 '코치맨알보이(Coachmen RV)'를 갖추고 있기 때문이다. 코치맨알보이 카라반은 워런버핏의 버크셔헤서웨이 그룹의 자회사가 생산하는 프리미엄 트레일러다. 50년 전통의 미국 초대형 캠핑카를 경험 해 볼 수 있는 기회다. 2인, 3인, 4인이 묵을 수 있는 다양한 사이즈의 카라반이 있으며, 개별 바비큐와 개별 캠프파이어 등 편의시설도 잘 갖춰져 있다. 캠핑을 좋아하지만 장비 없이 훌쩍 몸만 떠나고 싶을 때, 위스키온더락을 마시며 갬성휴가를 원할 때, 하조대와 서피비치를 내 집처럼 드나들고 싶을 때 기억해야 할 이름이다.

📍 양양군 양양군 현북면 하조2길 48-43 📞 0507-1347-2628
₩ 180,000~350,000 🏠 hajodaecaravan.kr 반려동물 동반가능

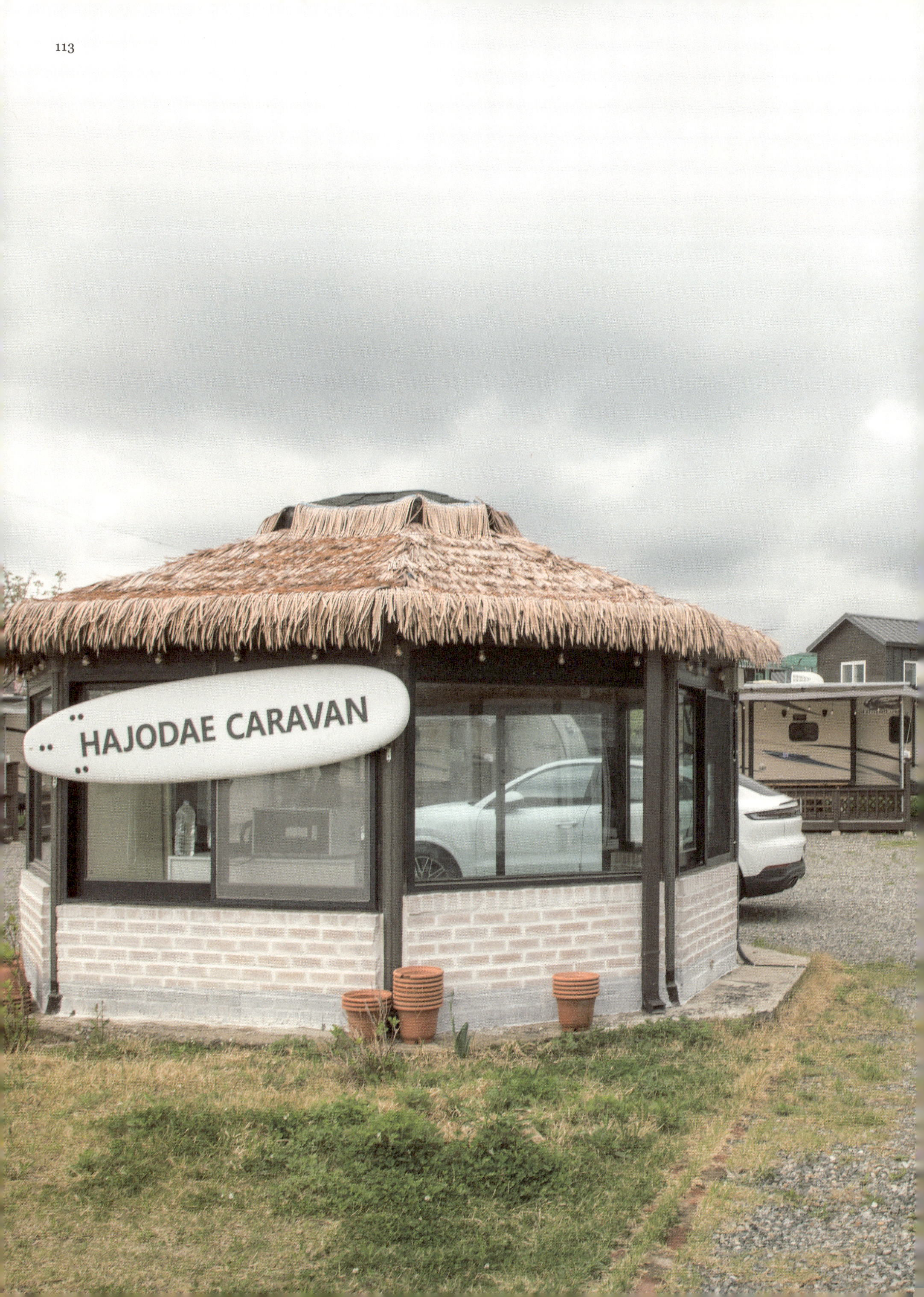
HAJODAE CARAVAN

COFFEE & TEA

Dessert & Bakery

디저트와 베이커리카페 달콤한 시간이 필요하세요?

01 닌베 일본식 수제빙수집 🐾

일본인이 운영하는 수제 빙수&디저트 전문점이다. 다트선수였던 대표가 서핑에 빠져 죽도에 차린 빙수집으로 녹차빙수와 밀크팥빙수, 초코빙수가 대표메뉴다. 녹차빙수는 일본산 녹차가루와 잎을 사용해 진한 맛을 내고, 밀크 빙수는 우유를 갈아만든 얼음에 수제 통단팥을 얹는다. 곁들임 버터 떡도 이색적이다. 수제 생초콜릿과 찹쌀볶음, 카카오닙스와 쿠키가루 토핑을 얹은 초코빙수도 특별하다. 팥과 떡은 물론 생초콜릿, 밤양갱, 판나코타 등의 디저트류까지 직접 만드는 것으로 유명하다.

📍양양군 현남면 인구항길 6 📞070-4090-7720 🕐11:00~17:00 화 휴무
₩ 밀크팥빙수 12,000 초코빙수 13,000 녹차팥빙수 13,000
📷 @ninbe_patbingsu 애견동반

02 배배 젤라또 낙산배로 만드는 수제 젤라또집 🐾

배배젤라또는 4대째 배농사를 짓고 있는 낙산배농원에서 운영한다. 배배소르떼가 대표메뉴인데, 농사지은 배 이외에는 물이나 향료를 일절 섞지 않은 순수한 배 맛이다. 체리, 호두, 감, 쌀, 서리태도 젤라또 재료가 되는데 모두 농원에서 직접 기른 것이다. 수제젤라또 카페 중 배과수원을 조망하는 '배멍'이 가능한 유일한 곳이 아닐까. 배즙, 피도라지배즙도 매장 내에서 판매하고 있다. 달디 단 낙산배가 맛있고 건강한 젤라또의 기본이 된다. 양양 콩으로 만든 야양순두부젤라또도 추천한다.

📍양양군 양양읍 안산길 41 📞0507-1466-2290 🕐11:00~18:00 화 휴무
₩ 젤라또 4,500~ 아메리카노 4,500 아몬드라떼 5,500 📷 @baebae_gelato 애견동반

03 여운포리빵집 논뷰 그리고 커피 한 잔의 여유 🐾

고즈넉한 마을에 붉은 벽돌집, 논 전망이 펼쳐지는 여운포리빵집에서 갓 구운 빵과 커피를 즐겨보자. 이름처럼 손양면 여운포리에 위치한 베이커리카페다. 소금빵과 바게트가 대표메뉴인데 짭쪼름한 소금과 부드러운 버터의 조합이 깊은 맛을 내는 소금빵은 제일 먼저 매진이 될 정도로 인기가 많다. 양양 해풍으로 말린 감말랭이가 들어간 깜파뉴, 강원도 송화버섯을 넣은 치아바타 등 로컬재료를 활용하려고 노력하는 모습이 좋다. 음료 가격이 저렴하다는 것도 이 카페를 들리고 싶은 이유. 실외 테라스에 한해 반려견 동반이 가능하다.

📍양양군 손양면 선사유적로 73-13 📞0507-1341-1806 🕐10:30~18:00 화, 수 휴무 ₩ 소금빵 2,400 감말랭이 깜빠뉴 6,500 아메리카노 3,800
📷 @yeounpori_bakery 애견동반

04 첫밀베이커리 우리밀로 만든 건강한 빵

물과 공기 좋은 곳에서 아이를 키우며 살고 싶었던 부부는 서울에서의 커리어를 정리하고 단양을 거쳐 2022년 양양으로 왔다. 좋은 먹거리를 찾아 귀촌한 만큼 건강한 빵을 만드는 것이 목표. 그래서 우리밀을 사용해 식사용 빵을 만든다. 우리밀 사워도우는 예약을 받아 일주일에 한번 택배를 보내는데 전국에서 주문이 들어오고 통밀 100%, 호밀 100% 빵도 반응이 있다. 당근라페를 넣은 소금빵샌드위치는 엄마들에게 인기만점. 빵은 남편이 만들지만, 당근라페는 방송피디가 전직이었던 부인이 만든다. 케이크는 하루 전 예약하면 가능하다.

📍 양양군 양양읍 관아길 18-21 1층 ☎ 0507-1439-6140 🕐 10:00~18:30 토, 일 휴무 ₩ 소금빵당근라페샌드위치 5,900 우리밀사워도우 8,000 소금빵 2,900 아메리카노 외 음료 3,800~ 📷 @firstmeal_bread

05 코코양양 현미빵으로 만나는 맛의 신세계

현미 100%로 빵이 가능할까? 만든다 해도 맛있을까? 이런 의문이 있다면 코코양양에 방문해 보길. 서울에서 이미 현미빵으로 성공한 경험이 있는 문철희 대표는 현미 비중을 85%~100%까지 사용해도 맛있는 빵이 가능하다고 자신한다. 베이글, 소금빵, 카스테라, 깜빠뉴, 바게트, 블루베리빵 등 식사빵부터 디저트 빵까지 빵의 종류가 많아 놀랍다. 겉바속촉 쫀득쫀득한 오방떡과 앙버터빵, 부드러운 카스테라 등 현지인에게 인기만점. 커피는 무료로 제공한다. 오후가 되면 매진되는 빵이 많으니 서두르도록. 지역사회 기부나 환원도 열심인 착한 기업이다.

📍 양양군 양양읍 일출로 570 2층 ☎ 033-673-0092 🕐 07:00~19:00 월 휴무 ₩ 현미모닝빵 3,500 현미식빵 6,500 오방떡 3,500
🏠 www.cocoyangyang.co.kr

06 크레피스타 강원도식 창작 크레페 🐾

시각디자인을 전공한 김진경 대표는 2023년 자신이 태어난 고향집의 한켠을 뚝딱뚝딱 고치기 시작했다. 부모님이 횟집을 하던 공간은 순식간에 느낌있는 귀여운 크레페집으로 변신했다. 주문이 들어오면 먼저 크레페부터 따뜻하게 구워내고, 생크림과 과일을 듬뿍 넣고, 맨 위에 직접 만든 물고기 모양의 수제 젤리로 토핑하여 내준다. 강원도 식재료인 메밀, 감자, 옥수수로 금방 만드니 맛이 없을 수가 없다. 소다 음료는 크레페와 잘 어울린다. 커피를 하지 않는 이유는 근처에 잘 하는 카페가 있으니 그곳으로 안내해 주면 되기 때문. 주차장이 없다. 근처 설악해변의 무료주차장을 이용할 것.

📍 양양군 강현면 뒷나루2길 12-1 1층 ☎ 0507-0178-0334 🕐 10:30~18:30 크레페 메밀+감자+옥수수대표 7,500 바나나 6,800 초코바나나 7,200 딸기생크림 6,800 아사이 스무디볼 8,900 소다 6,800 📷 @crepista1

COFFEE & TEA

Garden & More

정원 좋아하세요? 자연을 사랑하는 이들의 정원콘셉트카페

07 팜11 산 속에서의 쉼

산길을 따라 올라가다보면 파스텔 톤의 유리 온실을 만난다. 11에이커(13500여 평)의 거대한 부지에 온실과 정원, 독채스테이 3동, 카페 등이 그림처럼 펼쳐져 있다. 최길순, 송성림 부부 그리고 가드닝 전문가인 딸 최서원 씨가 함께 가꾸어 나가고 있으며 현재는 주말만 개방한다. 남설악 자락과 점봉산의 풍경이 수채화처럼 펼쳐지는 압도적인 아름다움에 찾아오는 이가 많다. 빵은 송성림 씨의 솜씨로 크랜베리 호두깜빠뉴, 무화과깜빠뉴 등이 인기가 많다. 쑥과 초코칩 같은 쿠키, 케이크도 가능하다.

📍양양군 서면 원당골길 42 ☎010-4647-3716 🕐토 일 11:00~18:00
💰에스프레소 4,500, 바닐라라떼 6,500 무화과깜빠뉴 6,500
📷 @farm11_yangyang

08 숲속의 빈터 숲으로 둘러싸인 힐링의 공간 🐾

자작나무와 어우러진 하얗고 네모난 건물은 건축주가 리차드마이어에게 영감을 받아 디자인한 것이다. 겉에서 보면 안쪽의 모습이 상상이 가지 않는다. 2024년 문을 연 대형 베이커리카페, 숲속의 빈터는 내부에 들어가야만 안쪽에 꾸며진 정원을 볼 수 있는 구조다. 누구나 즐길 수 있는 생태공원을 만들고 싶었던 건축주의 마음은 카페 통창으로 보이는 담백한 정원뷰를 통해 드러난다. 갓구운 빵과 다양한 음료를 즐기며 쉬어가기 좋다.

📍양양군 손양면 동명로114 ☎033-672-2299 🕐09:30~20:30
💰썸머라떼 8,000 생라임 모히토 7,000 땡모반 수박주스 8,000 참깨크림라떼 8,000 📷 @glade_in_yangyang

09 카페화일리 사계절 아름다운 꽃이 만발하는 카페

동네이름을 따 만든 화일리의 정원카페, 카페화일리에는 정원을 매일 가꾸고 돌보는 김정림 대표가 있다. 이곳이 평범한 듯 평범하지 않은 이유는 정원도 있지만, 무엇이든 직접 만드는 김 대표의 솜씨 때문이다. 좋은 재료로 만든 티와 먹거리. 특별추천은 양양사람이 좋아하는 들깨가루를 넣은 들깨크림라떼. 양양 들깨가루와 크림라떼를 한데 섞었는데 맛의 조합이 훌륭하다. 오란다, 강정, 쿠키 등 먹거리가 하나같이 감탄을 부른다. 세련되고 힙한 분위기는 아니지만 단골이 되고 싶은 카페다.

📍양양군 양양읍 거마천로 569 ☎033-673-6809 🕐10:00~20:00, 화 휴무
💰과일블러썸티 6,500, 들깨크림라떼 6,500 📷 @hwailri

Rest or Action?

여기가 오늘의 본부. 카페에서 쉬거나 놀거나!

10 카페 둔치&레저 액티비티 천국, 남대천 조망의 쉼터

양양의 젖줄, 남대천에서의 시간은 많은 이에게 양양을 재발견할 수 있는 기회를 제공한다. 남대천을 조망할 수 있는 최고의 장소는 카페둔치. 레저를 함께 할 수 있는 특별한 곳으로 6인까지 함께 탈 수 있는 전동보트와 다수의 인원이 예약할 수 있는 황포돛배 두 가지 액티비티가 가능하다. 황포돛배는 단체가 아니면 도전이 어렵지만 전동보트는 꼭 해보면 좋겠다. 양양을 재발견할 수 있는 추억의 시간을 선사할 것이다. 흐르는 물길을 바라보며 직접 만든 수제 에이드를 즐기면 최고의 선택이다.

📍 양양군 양양읍 조산리 95-45 ☎ 033-673-4567 ⏰ 10:00~21:00
₩ 황포돛배 10,000 / 8,000 전동보트(4인/6인) 28,000 / 35,000
아메리카노 5,000 크로플 7,500 팥빙수여름한정 12,000 📷 @dunchi_cafe

11 몽 트레킹 후 여기

오색약수 주전골 트레킹은 양양 여행자에게 꼭 추천하고 싶은 액티비티 중 하나다. 남녀노소 누구나 쉽게 걸을 수 있는 난이도로 가히 설악 최고의 비경인 주전골의 사계를 즐길 수 있다. 트레킹 전후 들러야 할 곳으로 몽카페를 추천한다. 평생 산과 함께 살아온 이창근 대장을 영접할 수 있다. 그는 해외, 국내의 많은 산을 오르고, 고향인 양양에서 남설악 구조대장으로 활동하고 있다. 산사나이를 그대로 닮아있는 몽카페에서 산악대장이 내려주는 커피를 음미하며 편하게 쉬어가자. 내부 사진을 구경하며 소소하게 재미있는 시간을 보낼 수 있다.

📍 양양군 서면 약수길 35 ☎ 033-672-3022
₩ 에스프레소 5,000 아메리카노 5,500 레몬차 5,000

12 메타비치 설악해수욕장 즐기기

미국 해변 감성이 풀풀 풍기는 이곳은 커피나 음료만 즐기는 곳은 절대 아니다. 수제버거, 피자, 샐러드, 나쵸, 감자튀김 등의 먹거리를 보면 맥주나 술이 어울리는 본격 해변 바/라운지라는 것을 눈치챌 수 있다. 여기를 베이스캠프로 삼고 설악해수욕장을 제대로 즐겨보자. 투더문이라는 서핑 숍도 함께 운영하고 있어 서핑 강습을 신청해서 배울 수 있다. 테라스에 앉아 바다 멍도 때리고, 잠시 해변을 걷다가 들어와도 된다. 포토스팟을 여러 군데 만들어 두었다. 인테리어, 음식, 분위기 3박자가 모두 어우러지는 설악해변의 보물이다. 테라스에 애견 동반 가능.

📍 양양군 강현면 동해대로 3266 ☎ 0507-1442-2009 ⏰ 09:00~03:00
₩ 메타 수제 비프 버거 13,900 마르게리따 피자 32,900 🏠 metabeach.kr

COFFEE & TEA

Unique Interior & Concept

독특한 철학과 콘셉트가 있는 카페에서
오늘 커피 어때요?

13 손양양 동네문화를 이끌어 가는 제로웨이스트 카페

2022년 겨울 오픈, 손양리에 위치한 색깔있는 카페다. 손양양이라는 이름은 이 카페에서 키우는 세 마리의 반려양 때문인데, 반려양 외 강아지 테디도 손님에게 인기만점이다. 서핑을 좋아해 양양에 온 빌리 대표는 친구들과 함께 자생적인 생태계를 꿈꾸며 조용한 마을카페와 스테이를 만들었다. 스테이는 휴가를 위한 숙박이라기보다는 양양에서 단기간 머물며 일과 삶을 영위하는 이들의 업무공간이다. 카페는 마을 인포센터, 커뮤니티의 중심 역할을 한다. 제로웨이스트를 지향하므로 관련제품도 판매하고 있다. 테이크아웃을 원하는 이는 텀블러를 가져올 것을 추천. 오후 두시까지인 영업시간도 확인할 것.

📍강원 양양군 손양면 손중로 184 ☎ 0507-1474-4501 🕐 월~금 10:00~14:00 토~일 10:00~17:00 ₩ 바닐라라떼 6,500 카페라떼 6,000 오트라떼 8,000 딸기라떼 8,000

14 킨십 수영장이 보인다?

물치해변에 2023년 하반기 오픈한 카페로 엄마의 레시피로 만든 애플크럼블과 초당옥수수크럼블 그리고 수영장이 보이는 독특한 카페 천장 인테리어 덕분에 '핫플'로 등극했다. 윈드서핑 선수이며 서퍼인 MZ 사장님이 추천하는 음료는 에스프레소 토닉, 다른 곳에서 맛볼 수 없는 독특한 메뉴다. 2층에 있는 수영장은 원래 스테이에 머무는 투숙객들을 위한 시설인데 1층 천장을 통해 수영하는 모습이 보이게 디자인한 것이 인테리어의 방점을 찍었다. 유명한 건축가 김인철 교수의 작품이다. 속초에서 더 가까워 두 도시를 아우르는 위치도 좋다.

📍양양군 강현면 물치천로 51-2 1층 ☎ 0507-1308-4458 🕐 11:00~20:00 ₩ 에스프레소 토닉(시그니처) 7,500 초당 옥수수 크럼블 7,900 📷 @kinship_yy

15 레이크지움 한국의 스위스! 호수를 품은 작은 뮤지엄

'호수'와 '미술관'이라는 매력적인 두 개의 키워드로 2020년에 오픈한 레이크지움은 양양에서 가장 아름다운 카페 중 하나다. 넓은 잔디에서 뛰어노는 리트리버 '로니'는 이집의 마스코트! 영덕호를 바라보며 평화로운 호수멍을 하거나, 카페를 채우고 있는 작품들을 하나하나 감상하다보면 시간 가는 줄 모르는 곳이다. 층고가 높은 건물에는 2,3층에 재미있는 공간도 있다. 백남준 방이라 이름 붙인 2층 객실에는 칼라거펠트, 백남준의 작품들도 있지만 이곳을 아끼는 고객들을 위해 숙소로 개방하기도 했다. 호수를 바라보며 자연에서 완벽히 쉬어갈 수 있는 곳.

📍양양군 서면 영덕안길 64 ☎ 0507-1311-2163 🕐 11:00~18:00 ₩ 프로폴리스진저라떼 8,00 수제단호박/고구마푸케이크 8,000 📷 @lakeseum

16 설온 온천을 개조한 일본풍 카페

양양의 깊은 골짜기 복골은 온천 동네다. 김연찬 대표는 부모님이 운영하던 복골온천을 리모델링하여 일본 료칸 분위기의 카페로 개조했다. 2022년 오픈. 대중탕과 샤워 시설을 그대로 살린 인테리어가 재미있다. 일본식 온천푸딩, 카스테라는 반응이 좋고, 직접 로스팅하는 커피도 맛이 괜찮다. 숲속에 들어와 있는 듯한 분위기의 노천탕에 발을 담그고 족욕을 하면서 옛 온천동네의 향수를 느껴보는 것도 좋겠다. 따뜻한 온천물이 솟아오르니 겨울에 와도 좋을 것 같다.

📍 양양군 강현면 복골길201번길 58 ☎ 0507-1400-4008 🕐 11:00~18:00 수 휴무
₩ 설온 온천푸딩 5,500 설온 카스테라 5,500 버터크림라떼 7,500 아메리카노 5,500 설온크림라떼 7,500 📷 @cafe_seol.on

17 컨센트릭양양 커피 맛도 분위기도 최고!

2020년 7월 오픈한 분위기 있는 카페다. 해변을 조망하지 않아도 사람이 찾아오는 이유는 독보적인 커피 맛과 세련된 인테리어, 이곳만의 독특한 분위기 때문이다. 서울에서 무역업과 패션업에 종사하던 오너들의 감각이 여러 곳에서 묻어난다. 메뉴의 콘셉트, 플레이팅, 이끼를 테마로 한 내부 인테리어, 인더스트리얼 분위기를 잘 살린 심플한 건축디자인 그리고 조경까지. 로컬리티를 살린 메뉴가 특징적. 특히 솔잎애플아이스티는 비쥬얼도 최강급. 커피를 제대로 즐기고 싶다면 싱글오리진 커피를 마셔볼 것. 폴바셋 출신의 바리스타가 맛을 컨트롤한다.

📍 양양군 강현면 뒷나루1길 4 ☎ 033-671-1311 🕐 11:00~17:00
₩ 싱글오리진 필터커피 6,500 솔티비엔나 8,000 오죽오트라떼 8,500
📷 @concentric

18 벙커 38.1 진짜 벙커가 있는 동물카페

벙커 38.1은 네이밍부터 재미있는 곳이다. 38.1은 이곳의 위도, 벙커는 진짜 벙커를 개조해 만든 카페이기 때문에 두단어를 붙였다. 윤희원 대표는 먼저 귀촌한 부모님이 표고농사를 위해 공매에서 구입한 부지가 군부대 벙커였음을 알고 공간을 기획했다. 토끼, 말, 기니피크 등 귀여운 동물이 있는 농장형 카페, 전공을 살린 승마장, 그리고 2000평의 부지를 활용한 글램핑장과 캠핑장까지! 벙커를 활용한 카페 내부는 여름에 시원해서 더 인기다. 피자만들기 체험, 동물먹이주기, 바비큐 체험 등을 할 수 있고, 숙소도 있다. 아이와 함께 방문하면 더 좋다.

📍 양양군 강현면 진미로 582 ☎ 0507-1362-2744 🕐 09:00~18:00 ₩ 화덕피자 만들기 체험 (예약필수) 22000 동물먹이주기체험 3,300 📷 @bunker_38.1

19 힐러스 일과 휴가를 동시에, 워크룸 로스터리

현남면 북분리에 있는 힐러스 카페는 제대로 된 로스터리 커피 맛과 지역의 감성을 살린 솔방울빵과 송이푸딩으로 인기다. 바다가 없어도 사람이 찾아오는 이유. 김수영 대표는 서울에서 20년 동안 기획자로 활동했던 경력을 살려 메뉴부터, 상품기획, 지역 콘텐츠 개발 등 다양한 일을 하며 북분리에서 몫을 해내고 있다. 카페 옆 스테이에는 객실이 3칸 있고 단독 스테이 건물이 하나 더 있다. 힐러스의 원두는 타 카페에 납품할 정도로 맛에서도 평가 받았다.

📍 양양군 현남면 북죽로 112-2 ☎ 033-672-6777 🕐 10:00~18:00 목 휴무
₩ 솔방울빵 6,500 양양송이푸딩 7,500 힐러스크림라떼 8,000 📷 @hillers.kr

RESTAURANT

Local Flavour

토속적인 강원도 음식점을 모아서 소개합니다.
여행 중 꼭 먹고 싶은 한끼!

01 감나무식당 황태국밥 어떠세요?

줄 서서 먹는 식당으로 황태해장국, 황태국밥, 황태구이 등을 전문적으로 한다. 평일에도 대기가 기본 30분, 예약은 안 되고 번호표를 뽑고 기다리는 수밖에 없다. 들기름 향이 솔솔, 노랗고 크리미한 육수에 밥이 말아져 나오는 이집 황태국밥은 어디에서도 볼 수 없는 독특한 메뉴다. 황태해장국도 예상을 벗어난 맛으로 황태가 주인공이라기보다는 해물탕 안의 조연 느낌이다. 밑반찬으로 나오는 가자미구이는 이 집 인기에 한 축을 담당한다. 다른 찬은 리필이 되지만 가자미구이 주문을 해야 한다. 오전 7시부터 시작해 오후 세시에 문을 닫는다.

📍 양양군 양양읍 안산1길 73-6 ☎ 033-672-3905 🕐 07:00~15:00 목 휴무
₩ 황태해장국 12,000 황태구이 15,000 황태국밥 12000 송이황태국밥 19,000
버섯불고기 1인 20,000(2인이상가능) 생태찌개 대/중 50,000/40,000

02 봄날은 간다 포차감성 시장맛집에서 산나물전과 탁주 한잔!

양양전통시장 부근의 봄날은 간다는 시장 분위기 제대로 느끼며 토속 음식을 맛볼 수 있는 곳이다. 최근 MBN의 전현무계획에도 나와 더 인기가 많아졌다. 인사동 전통막걸리집 또는 포차감성의 분위기에서 제철산나물전과 산나물튀김 등을 즐기면 막걸리 생각이 절로 난다. 특히 봄에는 청정지역에서 자생하는 전호나물을 놓치지말자. 전과 튀김으로 알려졌지만 옹심이, 송이칼국수, 능이칼국수, 장칼국수, 감자전 같은 강원도 토속 음식을 두루두루 맛볼 수 있다. 휴무인 화요일이라도 장날이면 문을 연다. 오일장은 매 4일, 9일이다.

📍 양양군 양양읍 남문5길 11-14 ☎ 033-672-7455 🕐 09:00~21:00 화 휴무
₩ 인삼튀김(4개) 10,000 은어튀김 대/소 20,000/10,000
양미리튀김 대/소 10,000/5,000 제철산나물전 12,000 봄날국수 5,000

03 산촌식당 산이 내어주는 넉넉하고 신선한 맛

오색약수터 초입에는 오래된 산채비빔밥, 정식 전문점이 즐비하다. 산촌식당은 50년 이상 대를 이어가는 식당 중 하나로 시원한 동치미 맛이 일품이다. 산채모둠정식을 주문하면 된장찌개, 감자전, 도토리묵, 메밀전 등 다양한 강원도식 찬이 차려지고 산에서 채취한 갖은 나물이 접시에 수북이 담겨 나온다. 시원한 백김치와 동치미국물로 속을 편안하게 다스리고 나물과 된장찌개를 적절히 배합해 비벼 먹으면 이것이 강원도의 맛, 설악산이 주는 행복이다. 재료를 잘 골라 직접 손질해 정성껏 짓는 음식은 언제나 신선하고 맛있다.

📍 양양군 서면 약수길 25-1 ☎ 033-672-3176 🕐 09:00~19:00
₩ 더덕황태구이 정식 17,000(2인이상) 산채모둠정식 15,000(2인이상)
산채비빔밥 11,000 약수돌솥밥 정식 19,000(2인이상)

04 30년 할머니순두부 두부만 있다고 생각하면 오산

오색약수 근처에 있는 오래된 식당이다. 1940년생 유춘자 할머니가 젊은 시절 두부를 만들어 팔다가 30년된 시점에서 식당을 냈기 때문에, 상호가 30년 할머니 순두부가 됐지만 실제로는 훨씬 더 오래됐다. 할머니는 아직까지도 식당의 순두부와 두부의 맛을 직접 관장하고 있으며, 2대째 대를 이어 영업하고 있다. 두부는 물론 100% 국산콩으로 만든다. 대표메뉴는 따뜻하고 부드러운 순두부 그리고 연두부로 만든 찌개인 얼큰순두부다. 현지인은 산채비빔밥, 된장찌개도 주문한다. 산채비빔밥을 시켜보니 반찬으로 순두부가 나왔다. 알아두면 좋을 팁.

📍 양양군 서면 설악로 1322-4 ☎ 033-672-8437 🕐 08:00~18:00 화 휴무 ₩ 순두부 12,000 더덕구이 25,000 산채비빔밥 12,000 메밀전병 12,000 모두부 12,000 감자전 12,000

05 수산항물회 양양 째복은 이제 국룰!

째복은 다른말로 비단조개 또는 민들조개라고 부른다. 비린내가 없고 담백한 맛이 특징이며, 동해안 쪽에서 많이 잡히는 흔한 조개다. 수산항물회는 이 지역에서 째복을 요리의 경지에 올린 최초의 식당이라 할 수 있다. 유통하던 째복 가격이 폭락하자 자체 소비라도 하자는 의도로 째복전, 물회, 탕과 국 등을 개발해 내놓았는데 이제는 수산항물회의 메인 메뉴로 등극할 정도로 성공적이다. 섭국도 째복도 둘 다 맛보고 싶다면 이 집에 오면 된다. 특히 부추 베이스에 째복이 수북하게 올라간 째복전이 인기가 많다. 오징어식해와 궁합 굿.

📍 양양군 손양면 선사유적로 185 동호리 ☎ 0507-1411-0750 🕐 09:00~20:00 수 휴무 ₩ 째복국+섭국 14,000 째복탕 대/중/소 42,000/35,000/28,000 째복물회 17,000, 째복전 25,000

06 어촌마을물회섭국 따뜻한 섭국, 차가운 물회 두루두루 섭렵 🐾

죽도해변과 인구해변 사이, 2020년 7월 개업한 현지인 추천 식당이다. 2층에 있어 시원한 바다전망이 좋고 인테리어도 음식처럼 깔끔하고 정갈하다. 안주인 이주비 씨는 어부 남편이 잡은 고기로 물회와 섭국 전문식당을 시작했다. 이 집 섭국의 비결은 채수 베이스에 듬뿍 들어간 부추와 팽이버섯이다. 남편이 뱃자리에 솥을 걸어 친구들과 나누어 먹었던 따뜻한 음식이라 메뉴에 그대로 추가했다. 물회는 자연산 가자미, 방어, 돔 등을 쓰는데 회의 양이 많고, 채소를 갈아넣어 육수 자체가 부드럽고 시원하다. 치자가 들어간 국수, 서비스로 내미는 인절미, 무한리필 가능한 밥과 황태미역국까지! 인심도 넉넉하다.

📍 양양군 현남면 인구항길 22 2층 ☎ 0507-1326-4315 🕐 09:00~16:00(월~목) 09:00~20:00(토,일) ₩ 자연산물회 17,000 회덮밥 16,000 섭국 15,000 어린이 날치알밥 4,000

07 오뚜기식당 인정 넘치는 따뜻한 로컬의 맛

양양전통시장 내 먹자골목에 위치한 오뚜기식당은 감자옹심이와 칼국수로 유명하다. 메밀전, 해물파전도 맛있지만, 백미는 가게 앞 난전에서 사장님 어머니가 바로바로 부쳐주시는 감자전의 맛이다. 정석대로 감자를 강판에 갈아 바로 부쳐내는 강원도식 감자전은 전분의 환상 배합으로 쫀득한 식감이 그대로 살아있다. 단골 어르신이 장날에 나오면, 식사하는 동안 사장님이 장을 대신 봐주시는 훈훈한 선행이 블로그를 통해 알려지기도 했다. 어머니가 50년, 아들이 12년째 맡아서 운영 중인, 현지인이 더 사랑하는 식당이다.

📍 양양군 양양읍 남문5길 9 21-22호 ☎ 033-671-3048 🕐 09:30~19:00 ₩ 감자옹심이 8000 칼국수 7000 잔치국수 6000 콩국수 8000

RESTAURANT

08 천선식당 양양의 향토음식 뚜거리를 아시나요?

남대천로에 위치한 천선식당은 뚜거리탕과 은어 전문점이다. 뚜거리탕는 '꾹저구'라는 민물생선을 된장과 고추장 베이스에 갖은 양념을 넣고 끓여낸 탕으로 담백하고 시원하다. 뚜거리정식을 주문하면 뚜거리탕과 함께 은어구이, 더덕구이, 도토리묵 등 다양한 반찬이 함께 제공되어 더욱 푸짐하게 즐길 수 있다. 주민들은 매일 바뀌는 반찬과 국으로 구성한 가정식백반을 선호한다. 뚜거리, 은어 외에도 메뉴가 많다. 뚜거리탕을 맛있게 먹는 방법은 제피가루와 후춧가루, 다진 마늘과 채 썬 고추를 넣고 잘 섞는 것. 양양의 토속적인 맛을 대표하는 식당이다.

📍 양양군 남대천로 13 ⏰ 033-672-5566 🕐 07:00~20:00 (하절기 07:00~21:00) 일 3시부터 휴무 ₩ 뚜거리탕 12,000 뚜거리전골 대/중 50,000/40,000 은어구이 30,000 두부전골 25,000(2인기준) 가정식백반 9,000 뚜거리정식 14,000

09 한우랑송이랑 송이와 고기의 환상적인 콜라보. 솜씨 좋은 정육식당

질 좋은 소고기와 송이를 불판에 올려 구워 먹는 것은 가을 여행 최고의 미식경험이다. 10월 즈음 양양을 방문했다면 유명 관광 식당 대신 한우랑송이랑에서 한우와 송이의 환상적인 콜라보를 경험해 보길 바란다. 원하는 재료를 고른 뒤 상차림비만 지불하고 먹을 수 있는 정육식당이라 합리적이다. 룸에서 조용히 식사하기 좋고, 모든 재료를 국산으로 사용해 믿을 만하다. 평소 식사라면 한우불고기버섯전골, 한우차돌된장찌개 등을 주문하면 호불호가 없다. 밑반찬도 신선하고 맛있어 현지인이 추천한다.

📍 양양군 양양읍 거마천로 59-5 ⏰ 033-671-9293 🕐 11:00~21:00 일 휴무 ₩ 상차림비 1인 3,000 한우불고기버섯전골(2인이상 1인분) 12,000 한우차돌된장찌개(2인이상 1인분)10,000 갈비탕 15,000 얼큰한우국밥 10,000

10 해촌 아침식사로 유명한 섭국맛집

해촌은 2009년 개업한 식당으로 최근 위치를 옮겨 주차도 편하고 더 넓고 쾌적해졌다. 양양에 다른 섭 전문식당도 많지만, 이집은 수요미식회 등 다수의 방송에 소개되어 관광객에게 아주 유명하다. 자연산 섭은 채취되는 양이 적어 점점 귀해지는 식재료다. 최근엔 섭요리 전문점에서도 자연산과 뉴질랜드산을 섞어내는 경우가 많다. 그래서인지 섭국에는 섭이 통째 들어가지 않아 아쉽다. 고추장 베이스의 국물에 섭살을 토막토막 잘라 넣고 부추, 미나리 등을 넣어 끓여낸 것으로 칼칼하고 시원하다. 미리 예약해야 맛볼 수 있는 섭탕을 주문하면 온전한 섭을 제대로 볼 수 있다. 모두부도 유명하다. 오전 7시부터 영업을 한다.

📍 양양군 손양면 동명로 81 ⏰ 033-673-5050 🕐 07:00~15:30 수 휴무 ₩ 자연산섭국1인 16,000 섭부침개 16,000 자연산섭탕 50,000 메밀김치전병 10,000 모두부 15,000

Korean

한식은 어디서나 통하죠?
실패 없는 양양의 일상 식당들.

I1 굴나라 매일 가고 싶은 가정식 백반집

오해하지 말자. 굴나라는 굴요리 프랜차이즈가 아니다. 굴 시즌과 비시즌으로 나뉘긴 하지만, 거의 일년 내내 이 집의 최고 인기메뉴는 가정식 백반이다. 손님은 현지인이 많다. 반찬이 신선하다. 백반 외 메뉴를 보면 일상에서 누구나 즐기는 한식이다. 오징어볶음이나 제육볶음, 오삼불고기, 돌솥비빔밥, 특별하게 먹고 싶으면 아구찜도 좋다. 물론 굴 시즌에는 굴요리를 선택하는 것이 좋다. 자신 있으니 굴나라고 이름을 붙인 곳이다. 이 집에 가고 싶어 10월을 기다린다.

📍 양양군 양양읍 남문로 12-12　☎ 033-671-2601　🕒 11:00~21:30 일 휴무
💰 백반 10,000 오징어/제육볶음 13,000 오삼불고기 13,000 돌솥비빔밥 8,000 아구찜 중/대 40,000/50,000 굴국밥 9,000 굴개장 10,000 굴보쌈 소/중/대 33/38/43,000 미생이굴국 10,000 (굴시즌 10월부터 4월까지)

I2 달래촌 신선한 식재료로 만든 건강한 치유 밥상

몸과 마음을 달래주는 치유 콘셉트의 종합센터 달래촌 내의 음식점이다. tvn의 인기프로그램 '착한식당'과 정부 인증 '농가밥상'으로 지정되기도 했었다. 이곳은 조미료를 하나도 쓰지 않는다. 100% 깨끗한 청정 식재료를 활용한 음식은 기품있는 차림새와 속이 편하고 고급스런 맛이 장점이다. 손님 대접에도 손색이 없는 세미 한정식 정도로 보면 될 듯. 다소 가격이 있지만 상을 받고 나면 이유를 수긍하게 된다. 20가지가 넘는 잡곡 분말을 넣어 지은 솥밥과 각종 산채와 나물, 전, 찌개요리가 마음을 달래준다. 식사와 핀란드사우나가 결합된 패키지도 있다.

📍 양양군 현남면 화상천로 634　☎ 033-673-2201　🕒 10:30~20:00 화 휴무
💰 달래촌명품보약밥상 27,500 명품송이밥상 33,000

I3 이태원왕갈비 게장도 맛있는 돼지갈비집

낙산해변 근처 맛집으로 유명한 이태원왕갈비는 해산물이 일상인 현지인의 특별한 외식 장소로 인기있는 곳이다. 강남 한복판이라고 해도 믿을 정도의 세련된 인테리어, 고기를 구워주는 밀착 서비스에, 깔끔한 밑반찬과 양념, 소스가 더해져 맛있는 양념돼지갈비를 기분 좋게 즐길 수 있다. 메뉴는 오직 돼지갈비 한 가지. 숯불향이 밴 달콤매콤한 돼지양념갈비에는 불호가 없다. 포장을 할 경우 2인 24,000원으로 약간 더 저렴하다. 기본 반찬으로 나오는 게장이 맛있어 포장 판매도 하고 있다.

📍 양양군 강현면 일출로 15-1 15　☎ 033-673-4396　🕒 16:00~21:50 수 휴무
💰 양념돼지갈비 270g 1인분 18,000 냉면 7,000 생목살김치찌개 7,000 차돌된장찌개 7,000

I4 일두마당 내 가족이 먹는 일상 밥상

일두마당은 2020년부터 친척이 모여 함께 일 하는식당이다. 특별한 것보다는 일상에서 쉽게 접하는 평범한 메뉴가 주를 이루지만, 워낙 솜씨가 좋아 현지인 손님이 많다. 타지에서 따로 살던 형제가 양양에 모이면서 가족이 모두 식당 일에 참여하는 모습이 보기 좋았다. 아내는 홀을 책임지고, 영암에서 온 누이 둘은 주방을 담당하고, 형수도 힘을 보탠다. 조카는 한 건물 내 카페를 운영하고 있어 식당에서 식사한 고객에게는 커피 할인이 있다. 텃밭 채소와 계절별 식재료로 만든 신선한 반찬이 입맛을 돋군다. 왕갈비탕에는 돌솥밥이 나온다.

📍 양양군 강현면 진미로 120　☎ 033-672-1919　🕒 10:00~20:00 일 휴무
💰 등갈비 김치찜 30,000 돼지불백 9,000 왕갈비탕 17,000

RESTAURANT

Western Cuisine

파스타, 피자, 버거집은 양양에서 매우 흔해요. 대도시에 견주어도 빠지지 않을 곳들만 골라봤습니다.

15 더스탠드 　미식가여! 하조대로 오라

2023년 여름 등장한 복합식음료공간이다. 고영재 총괄셰프는 동네 할머니에게 구입한 감자로 만든 뇨끼, 젓갈을 넣은 파스타, 잎새버섯 풍기리조또 등 강원도 식재료를 활용한 로컬의 맛을 곳곳에 접목했다. 한여름에도 먹을 수 있는 삼배체 굴을 공수하고, 최상급 프로슈토인 플라테로를 쓰는 등 식재료에 공을 들여 미식가의 식사를 한층 즐겁게 한다. 인피니티풀이 있는 4층 루프탑은 별도의 입장료와 전용 메뉴가 있다. 야심차게 기획한 더스탠드의 메뉴는 양양 다이닝씬을 업그레이드 시켰다. 1층은 더펍, 2층은 카페와 레스토랑이다.

📍 양양군 현북면 하조대해안길 79 🕐 1533-3479 2F 라운지 11:00~22:00 2F 카페 09:00~20:00 4F 루프탑 12:00~20:00 ₩ 더스탠드스페셜피자 33,000 피오리(꽃)파스타 27,000 아메리카노 6,000 📷 @official_thestand

16 레스토랑로그 　숨이 트이는 숲 전망, 분위기 맛집

하조대, 중광정리 해수욕장 부근의 레스토랑로그는 약 1만 권의 도서와 음료를 즐길 수 있는 북카페인 카페로그의 별관에 위치한 캐주얼 레스토랑이다. 2023년 여름에 문을 연 뉴페이스다. 돈까스, 파스타 등의 가벼운 메뉴부터 스테이크까지 선보인다. 아늑하고 편안한 분위기의 식당은 통창으로 보이는 숲뷰가 압권이다. 한국교과서협회연수원 건물에 있어 주차도 쉽다. 식사 후 숲길 트레킹이나 해변 산책도 좋겠다. 카페로그에서 책을 읽으며 차를 마시다보면 힐링데이가 완성된다.

📍 양양군 현북면 송이로 86-32 별관 🕐 033-672-6139 🕐 11:30~20:30 화 휴무 ₩ 등심 돈까스 16,000 디마레파스타 14,000 백합조개오일파스타 15,000 디마레포모도로파스타 15,000 소안심스테이크 45,000 🏠 restaurantlog.co.kr

17 메밀라운지 　메밀꽃밭에서 메밀다이닝 어때? 🐾

6월부터 10월, 인구해변 근처 골목에 자란 하얀 메밀꽃밭에서 브런치와 디저트, 메밀음료를 만났다. 서핑으로 양양과 인연을 맺은 정선아 대표는 강원도의 상징인 메밀밭을 배경으로 메밀로 만든 브런치를 먹으면 어떨까하는 생각으로 메뉴를 개발하고 메밀씨를 뿌렸다. 전직 외국관광청 홍보담당이었다는데, 글로벌한 감각으로 플레이팅한 음식과 음료, 디저트는 역시 MZ고객과 통했다. 알감자와 메밀로 빚은 뇨끼 위에는 바질 크림소스를 얹었고, 프렌치토스트에는 제철 생과일과 메밀 크림을 곁들였다. 메밀크림라떼도 맛있다.

📍 양양군 현남면 인구중앙길 46-38 🕐 0507-1369-1717 🕐 09:00~20:00 ₩ 메밀크림라떼 6,800 아메리카노 4,800 쑥바나나프랄린케이크 7,200 뇨끼 15,000 프렌치토스트 15,000 📷 @memille_lounge

18 싱글핀에일웍스 하조대의 힙스터들! 피맥 어떠세요?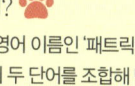

건전한 서핑컬처의 확산을 위해 노력하는 하조대의 큰 형님. 정신적 지주 이진도 대표가 2015년 오픈한 펍/레스토랑이다. 서퍼들과 예술가들을 지지하는 쿨한 매장 분위기는 피자와 지역 수제 맥주, 서핑의 세계로 여행객을 안내한다. 초당옥수수알튀김은 단짠단짠 맥주안주로 그만이고, 시카고피자는 눈이 동그래질 만큼 입에 딱 붙는다. 하조대 정보센터 역할도 하며 주변숍과 함께 마켓을 열어 이웃돕기에도 참가한다.

📍 양양군 현북면 하조대2길 48-42 ☎ 0507-1465-1175 🕐 11:00~22:00
₩ 페페로니시카고피자 29,500 밀크쉐이크 6,500 하와이안 I.P.A 7,000 버팔로핫윙&스틱 23,000 초당 옥수수 알 튀김 12,000
🌐 www.singlefin-aleworks.com 📷 @singlefin_aleworks

19 와룽빠트릭 여기는 양양의 발리?

와룽빠뜨릭은 오너셰프인 이창훈 씨의 영어 이름인 '패트릭'의 발리식 발음인 '빠뜨릭'과, 작은 식당이란 뜻의 '와룽', 이 두 단어를 조합해 만든 상호다. 서핑이 좋아 양양에 정착한 패트릭은 서퍼의 천국 발리를 그리워하는 이들을 위해 이곳을 열었다. 드림캐처 장식과 그림, 조개장식 등으로 트로피컬한 동남아 펍의 분위기를 잘 살렸다. 착한 가격의 식사도 매력적. 매장 한쪽에서 판매하는 애견용품은 부인이 직접 만든 핸드메이드 제품이다. 코코넛 음료를 즐기며 잠시 쉬어가도록 하자.

📍 양양군 현남면 동산큰길 44-3 1층 ☎ 0507-1306-8492 🕐 월~금 11:00~17:00 토,일 11:00~18:00 화 휴무 ₩ 나시고랭 13,500 미고랭 13,500 와빠니덮밥 13,500 와빠니국수 13,500

20 파머스키친 양양 대표 수제버거 맛집

스노보드 국가대표였던 박성진 대표는 미국에서 요리를 배운 후 한국으로 돌아와 2014년 양양에 수제버거 전문점 파머스키친을 열었다. 100% 호주산 청정우로 소고기 패티를 직접 만들고, 빵도 매일 굽고, 주문 즉시 바로 구워 버거를 만드니 단시간에 선풍적인 인기를 끌었다. 2017년에 정용진 부회장이 두시간을 웨이팅하면서 더 유명해졌다. 지금은 본점 외에 2호점, 강릉점, 서울 강남점, 2024년 오픈한 대관령점까지 총 5개 업장이 생겼다. 구운 파인애플이 들어가 달달한 하와이언버거와 큼직한 베이컨 두 줄이 들어간 두툼한 베이컨 치즈버거가 인기다. 해변에 있는 본점은 휴양지에 걸맞는 느슨하고 편안한 분위기였다. 무엇보다도 한국인 입맛에 맞게 개발한 담백한 버거 맛에 고개가 끄덕여진다.

📍 양양군 현남면 동산큰길 44-39 ☎ 0507-1309-0984 🕐 11:00~18:00 화, 수 휴무 ₩ 치즈버거 7,500 베이컨치즈버거 10,000 하와이언버거 9,000 아보카도버거 11,000 에그베이컨버거 12,000 📷 @farmerskitchen

21 하이타이드 스노우보더에서 서퍼로 전향한 태국식당 셰프

2017년 문을 연 인구의 태국음식점. 하이타이드의 셰프 강기운은 스노우보드 프로선수와 코치로 활약하다가 서핑의 매력에 빠져 양양에 정착한 케이스다. 꿍팟퐁커리를 먹고 난 뒤 태국요리를 배우게 됐다. 학원도 다니고 태국레스토랑에서 일하기도 했지만, 급기야는 태국으로 날아가 현지 방식의 요리를 습득했다. 그래서 그런지 그가 하는 똠양꿍, 팟타이, 꿍팟퐁커리, 쏨땀은 현지 맛이란 피드백을 자주 받는다. 서핑의 성지인 양양의 특색을 잘 살린 인테리어가 자꾸 들여다보고 싶게 만든다. 작은 레스토랑의 매력이 물씬 넘치는 곳. 강아지 동반도 가능하다. 파인애플볶음밥이나 바질새우덮밥 등 쌀요리도 인기가 많다고.

📍 양양군 현남면 인구중앙길 49 ☎ 0507-1409-0781 🕐 10:00~21:00 (화 휴무) ₩ 똠양꿍 13,000 꿍팟퐁커리 25,000 바질새우덮밥 14,000 파인애플볶음밥 16,000 그린커리 13,000 팟타이 13,000 📷 @hitide.guesthouse

RESTAURANT

Buckwheat Noodles

양양하면 막국수(메밀국수)지요. 특징이 뚜렷한 집, 하나씩만 담았습니다. 막국수는 별도의 페이지(144p~)에 좀 더 자세히 담습니다.

22 단양면옥 가장 오래된 백년가게

창업주인 조용희 할머니가 직접 키운 메밀로 장날에만 국수를 판 것이 단양면옥의 시작이었다. 아들 고(故)고영주 씨 부부를 지나 지금은 손자 부부인 고광휘, 장성금 대표로 이어지는데, 장성금 대표가 시집온 것이 1983년이니 백년가게 인증이 당연하다. 명태회 고명 대신 가자미회 고명을 올린 함흥회냉면과 비빔막국수 조합을 추천한다. 장날 가장 붐비는 가게 중 하나다.

📍 양양군 양양읍 남문6길 3 ☎ 033-671-2227 🕐 11:00~19:00 월 휴무−장날이 월요일이면 화 휴무 ₩ 가자미함흥회냉면 11,000 함흥물냉면 10,000 (가자미)회비빔막국수 11,000 물막국수 10,000 수육 30,000

23 영광정 메밀국수 동치미 막국수의 원조

비빔막국수로 시작해 얼음동동 동치미를 더해 물막국수로 변신! 한 메뉴로 두 가지 맛을 볼 수 있다. 여기에 부드러운 편육과 고소한 감자전 등을 곁들이면 입안의 축제가 시작된다. 함흥 출신 윤함흥 할머니에 이어 며느리 임정자, 손자 이재덕 씨가 3대째 잇고 있다. 맛의 비결은 한 달 이상 숙성시킨 차가운 동치미 국물, 제분한지 1주일을 넘기지 않은 봉평메밀로 직접 뽑은 구수한 면발, 양파를 갈아 넣어 만든 매콤시원한 양념장이다.

📍 양양군 강현면 진미로 446 ☎ 033-673-5254 🕐 10:00~19:00 화 휴무 ₩ 메밀국수 10,000 수육 30,000 감자전 12,000 메밀전병 8,000

24 상운메밀촌 과일꿀배합 육수

최용익 오너셰프는 봉평에서 왔다. 조선시대 궁중 요리 방식을 재현해 열두 가지 과일과 꿀을 넣어 만든 숙성육수가 특징이다. 노릇하게 지진 매콤한 메밀전병, 담백한 메밀전도 좋지만 이 집의 가장 특별한 메뉴는 육개장에 메밀면을 넣은 일명 메밀육개장칼국수다. 밑반찬인 백김치, 무김치, 명태무침도 막국수의 맛을 깊게 만든다.

📍 양양군 손양면 상운길 44-33 ☎ 033-672-7772 🕐 10:00~20:00 화 휴무 ₩ 육개장 11,000 메밀육개장칼국수 12,000 메밀비빔막국수 11,000 수육 소 28,000 메밀전 12,000

25 진솔메밀국수 순메밀 + 동치미베이스

1993년에 오픈, 장산리 막국수촌에 있는 현지인 추천식당이다. 채소는 물론 고춧가루, 들기름 재료들까지 직접 농사한 것들을 사용하여 식재료에 자부심이 높다. 주문 즉시 반죽을 해 메밀을 뽑는데, 순메밀을 원한다면 미리 이야기할 것. 동치미베이스에 덤덤한 메밀면이 잘 어울린다. 수육, 무말랭이, 오이채, 삼합도 추천한다. 손두부는 예약이 필요하다. 면수에 간장 타서 먹어보면 이 또한 별미.

📍 양양군 강현면 장산4길 7 ☎ 033-671-0689 🕐 10:30~18:00 화 휴무
₩ 메밀국수(곱빼기) 11,000 수육 28,000, 촌두부 10,000

26 범부메밀국수 순메밀 + 한우사골 육수

정통 있는 메밀국수를 먹고 싶다면 추천하고 싶은 집이다. 한우사골을 달여 만든 육수와 순메밀 100%의 조화로운 면맛이 어우러진다. 양도 많다. 호박씨, 해바라기씨 등이 잔뜩 뿌려지고 빨간 양념장이 들어간 비빔도 맛있다. 30년 전통의 맛집이며, 전현무계획에 나와서 유명해졌다.

📍 양양군 서면 고인돌길 6 ☎ 0507-1359-0744 🕐 11:00~19:00 수 휴무
₩ 메밀국수 10,000 도토리냉면 10,000 수육 25,000 촌두부 6,000

27 복골메밀국수 주문즉시 제면, 순메일

복골온천이 있었다던 작은 동네에 있는 막국수집이다. 미술담당은 아버지, 요리담당은 할머니, 그리고 손자는 홀에서 돕는 모습이 정겨웠다. 주문 즉시 만들어내는 순메밀면이 매력이며, 육수는 사골베이스다. 메밀국수 외에도 냉면, 만두, 촌두부 추천한다. 영업시간이 단 3시간이니 유의할 것.

📍 양양군 강현면 하복길38번길 17-7 ☎ 033-671-7288 🕐 11:00~14:00 수 휴무
₩ 메밀국수 7,000 냉면 8,000 수육 20,000 메밀찐만두 6,000 촌두부 5,000 회메밀국수 8,000

28 회산막국수 깔끔하게 손님접대

내부가 넓고 깨끗해 손님 접대하기 좋은, 설해원에서 가까운 막국수집이다. 최근까지 영업했던 강릉시 회산동에서 본점을 옮겨왔다. 놋그릇으로 된 기물들과 통일감 있는 로고, 인테리어, 분위기가 모두 멋지다. 매끄러지듯 서비스 잘하는 로봇 서버도 쾌적함에 한몫 한다. 감자옹심이가 특별히 맛있다고 소문이 났다.

📍 양양군 손양면 손중로 93 ☎ 0507-1340-8190 🕐 11:00~20:00 60여대 주차가능
₩ 수육 중/대 30/50,000 물막국수 10,000 비빔막국수 11,000 회비빔막국수 13,000 감자옹심이 12,000

MOVE ON
[그리고 또 다른 이야기들]

One Fine Day

현지인과 시간을 보내면 그 지역을 새롭게 만나는 접점을 발견하게 된다. 양양에서의 하루도 그랬다. 여행객으로서는 절대 알 수 없는 지역의 속살을 토박이를 만나 제대로 경험한 하루였다.

Editor 조은영 **Photographer** 이규열

윤택일 국장

양양초등학교, 양양중학교, 양양고등학교를 졸업한 진짜 양양 사람. 윤택일은 인구 2200여 명이 사는 손양면의 손중로 186번지에 있는 손양우체국 국장이다. 영화 촬영장 같은 비현실적인 동네에 자리잡은 작고 귀여운 우체국 문을 열어보자. 친절하고 스윗한 양양 총각 윤택일 국장이 환하게 맞아 줄 것이다. 직원 2명, 국장까지 세 명이 근무하는 작은 우체국이지만 챙겨야 일은 많다. 우체국 국장님의 하루는 어떨까?

1 07:00 텃밭 돌보기

그는 우체국에 산다. 아니 정확히 말하면 우체국 건물의 이층이 그의 집이다. 2022년, 아버지 병환으로 고향에 내려오게 됐다. 그것이 계기가 되어 운명처럼 가업인 우체국을 물려받게 되었고, 직장에서 가장 가까운 곳에 거처를 정한 것이다. 우체국 건물의 뒤쪽에는 작은 밭이 있다. 과일나무 몇 그루와 관상용 유채꽃을 심었다. 상추, 고추, 토마토 등도 자란다. 밭이 크진 않지만 은근히 손이 많이 간다. 그러다 보니 언젠가부터 출근 전 텃밭을 돌아보는 것으로 하루를 시작하는 게 습관이 됐다. 몇 년 전의 도시 생활에서는 꿈도 못 꾸던 일이다. 만약 양양에 오지 않았다면 어땠을까? 서울에서 트레이너로 활동하며 자신의 피트니스 센터를 차리는 것이 꿈이었는데, 운명의 신이 그를 다시 양양으로 데려다 놓았다. 자두가 빨갛게 익을 날을 기다리며 하루를 힘차게 시작한다. "굿모닝! 오늘도 잘 해 보자!"

2 08:50 출근

손양면에 있는 손양우체국, 윤택일 국장의 일터다. 손양우체국은 별정우체국이다. 별정우체국이란 1960년대 우체국이 없는 지역 주민에게 편의를 제공하기 위해 도입된 제도다. 자부담으로 건물과 시설을 갖추고 지방우정청장의 지정을 받아 체신 업무를 수행하는 우체국을 말한다. 보통 읍, 면 지역에 많이 분포되어 있고 전국에 700여 개가 존재하는데, 손양우체국도 그 중 하나다. 손양우체국은 할아버지, 아버지가 대를 이어 꾸려온 가업이다. 아버지의 병환과 이른 퇴직으로 갑자기 이 일을 맡았지만, 윤국장은 누구보다도 성실하게, 정성으로 일을 대하고 있다. "보통 우체국과 같아요. 우편업무, 택배, 보험 등을 다루고 있지요. 양양군 내의 거래처에 택배 픽업도 가요. 떡으로 유명한 송천떡마을도 저희 택배 거래처인데, 일주일에 두세번 제가 직접 픽업을 갑니다. 저희 우체국의 좋은 점은, '친절한 '서비스'인것 같아요. 한번 와보시면 손양우체국의 기분 좋은 특급 서비스를 경험하실 수 있을 거예요."

손양면
손양면은 양양읍과 면하고 있고 동쪽으로는 해안을 마주한다. 동호해변, 송전해변과 수산항, 그리고 골프장이 있는 설해원 리조트와 양양국제공항, 쏠비치양양 등이 손양면에 있다. 인구는 2024년 6월 기준으로 2,200여 명이다.

3 12:00 점심

일주일에 한두 번은 외부에서 식사를 한다. 점심시간이 여유있는 편이 아니라서 빠르게 먹을 수 있는 막국수가 제격이다. 손양면에 있는 '상운메밀촌'은 어렸을 때부터 아버지와 함께 다녔던 오래된 단골집이다. "여기 메밀전병이 맛있어요. 그리고 메뉴 중에 메밀육개장칼국수가 있는데 그게 좀 특별해요. 오늘은 메밀국수 드시고 다음에 오시면 육개장이나 육개장칼국수를 꼭 드셔보세요."

상운메밀촌
과일과 꿀을 주원료로 숙성시켜 만든 육수가 특별하다. 조선시대 궁중 수라간 방식을 재현한 깔끔한 맛은 현지인에게도 점수를 받는 편이다. 기본인 막국수 외에 메밀전병과 메밀육개장칼국수가 특별하다. add 양양군 손양면 상운길 44-33

4   12:30 커피 타임

윤택일 국장이 동네에서 가장 좋아하는 곳 중 하나가 우체국 옆에 있는 이웃, 카페 '손양양'이다. '손양양'에서의 커피 타임을 좋아한다. "이 동네가 사람 왕래가 많이 없는 곳이라 카페가 들어올 만한 장소는 아니거든요. 저는 여기의 존재 자체가 고마워요. 덕분에 향 좋은 커피 마시면서 그리운 도시의 향기도 느끼고, 잠깐이지만 사람들과 이야기도 나누면서 머리를 식히죠. 저에게는 이곳에 오는 것이 잠깐의 휴식입니다." '손양양'의 마스코트인 견공, 테디도 꼬리를 흔들며 아는 체를 한다. "참, 여기는 제로웨이스트를 지향하는 곳이라 텀블러를 챙겨 오셔야 해요."

손양양
이국적인 분위기의 감성 카페로 제로웨이스트숍을 함께 운영한다. 카페 뒷 마당에 키우는 애완 양 세 마리와 '테디'라는 이름의 강아지가 카페의 마스코트다. 번잡한 도심을 떠나 유유자적한 분위기를 찾아 온 여행자의 감성에 딱 맞는 공간에서 품질 좋은 커피와 비건음료, 유기농 티를 즐겨보자. 테이크아웃 시 개인 텀블러를 지참해야 한다. 리턴미(Return Me)컵에 담아갈 수도 있다. 📍양양군 손양면 손중로 194

5 18:30 현산공원 산책

관광객은 주전골, 해파랑길, 남대천길을 따라 걷지만 정작 현지인이 찾는 곳은 저마다의 집 가까이 있는 공원이다. 윤국장이 종종 걷는 산책로는 양양군청 근처의 현산공원이다.
"여긴 평소에는 사람이 별로 없어요. 봄에는 외지인도 많이 찾아와요. 벚꽃 명소거든요. 살짝 언덕이 있어서 올라가 위에서 보면 오색온천, 설악산 대청봉까지 보여요. 관광객은 거의 오지 않지만, 지역민에게는 꽤 알려진 산책코스랍니다." 양양은 영동권에서 만세운동을 시작한 곳이다. 현산공원에는 만세운동에 참여해 희생되거나 투옥된 순국선열을 기리기 위한 기념비와 행정 수복 기념탑, 충혼탑, 3·1 만세 운동기념비 등이 있어 양양의 저항 역사를 볼 수 있다. 남대천 벚꽃길과 함께 양양을 대표하는 벚꽃 명소이기도 하다. 그는 덧붙인다.
"요즘 양양의 하늘이 정말 멋지거든요. 바다에서 해뜨는 모습 그리고 설악산으로 해가 지는 풍경을 꼭 보시고 가셨으면 합니다."

현산공원
현산이라는 지명은 중국 샹양에 있는 산 이름을 따서 지은 것이라 한다. 봄이면 벚꽃으로 장관을 이루어 벚꽃 시즌에는 방문객이 많다. 언덕 위에 오르면 시내가 파노라마처럼 펼쳐진다.

양양종합운동장국민체육센터
체육공원 내에 위치한 시설로 양양군민 뿐만 아니라 외지인도 이용 가능하다. 풋살장, 배드민턴장, 농구장, 테니스장, 야외운동장, 체력단련실 등이 있다. 1일 입장료도 저렴하다. 헬스는 4천원, 배드민턴, 농구는 2천원, 샤워실 이용은 1천원. 캠핑하는 이가 이용해도 좋을 것 같다. 평일은 오전 6시부터 오후 9시 반, 주말은 오후 7시 반까지 운영한다. 월요일은 휴무다.

6 20:00 체육관

윤택일 국장의 하루는 체육관에서 마무리된다. 트레이너였던 과거와는 달리 지금은 편안하게 취미의 영역에서 운동을 하고 있다. 양양에 온 뒤로는 유흥으로 저녁시간을 보내는 일이 거의 없다. 자연을 즐기거나, 체육관에서 체력단련을 한다. "매일 운동을 하면서 머리를 맑게 해요. 몸과 정신은 서로 연결되어 있으니까 잡생각이 들 땐 운동보다 좋은 건 없는 것 같아요. 양양에 사는 것 중 큰 혜택이라고 생각하는게 군민을 위한 체육시설이 잘 되어 있다는 건데요. 제가 운동하는 양양종합운동장국민체육센터의 시설과 프로그램은 도시의 피트니스 클럽과 비교해서도 큰 불만이 없을 정도로 훌륭하답니다." 다 좋다. 그런데…"데이트는 언제 하나요? 국장님." 연애해서 결혼하고 싶다더니, 지나치게 성실하고 예의가 발라서 살짝 걱정이 된다.

성실하고 빼곡하게 하루를 채워나가는 윤국장의 양양 라이프를 들여다보며, 양양이 소비와 일탈의 장소이기 보다는 '정돈과 치유의 목적지'가 되면 어떨까 생각해 보았다.

Great Sceneries
양양 비경

미식에 집중한 지난 여행도 좋았고, 서핑의 추억도 남았지만, 그래도 뭔가 아쉽다면
다음 번에는 눈과 발로 마주하는 양양의 비경을 만나보자.
압도적인 자연 앞에 한없이 겸손해지는 자신을 발견하게 될 것이다.
다음 번 양양 여행을 계획한다면 코스에 넣어보자.

관동팔경

대관령의 동쪽, 관동지방에는 예로부터 칭송되어 온 명승지가
즐비하다. 관동팔경은 고성의 청간정, 강릉의 경포대, 고성의 삼일포,
삼척의 죽서루, 양양의 낙산사, 울진의 망양정, 통천의 총석정, 평해의
월송정을 일컬으며 월송정 대신 흡곡의 시중대를 넣는 경우도
있다. 관동팔경의 아름다움을 노래한 시가와 이곳에 얽힌 전설이
많은데, 그중 가장 유명한 것은 조선시대 정철의 《관동별곡》이다.
또 신라시대에 화랑인 영랑·술랑·남석랑·안상랑이 삼일포와
월송정에서 놀았다는 전설도 널리 알려져 있다.

> 양양10경 : 양양 사람들의 애향심은 대단한 것 같다. 양양팔경도 모자라 양양십경이 되었으니 말이다. 마지막에 더해진 9경과 10경은 근래 양양 모습을 반영한다.

제1경 : 양양남대천

남대천은 양양의 상징이다. 총길이 54㎞의 청정수역으로 봄에는 황어, 여름에는 은어, 겨울에는 연어 떼가 돌아오며 백로, 고니 등 천연기념물인 철새도 쉬어 가는 곳이다. 오대산과 설악산, 점봉산 자락에서 휘돌며 흘러내려온 물줄기는 남대천에서 만나 바다로 이어진다. 강 상류에는 법수치계곡, 용소골계곡, 송천계곡, 내현계곡, 서림계곡 등이 있고, 중류에는 송이조각공원이, 하류에는 연어생태공원과 남대천 생태관찰로가 조성되어 있다.

제2경 : 대청봉

1708m로 우리나라에서 세번째로 높다. 천불동계곡, 가야동계곡 등 설악산 대부분의 계곡이 이곳에서 발원한다. 대청봉에 오르면 이곳을 중심으로 700여 개의 크고 작은 봉우리가 장관을 이뤄 명산 중에서도 명산으로 꼽힌다. 대청봉에 오르는 등산로는 오색 코스, 백담 코스, 한계령 코스, 설악동 코스, 네 가지가 있다.

제3경 : 오색령

한계령으로도 알려져 있는 오색령은 양양군 서면과 인제군 북면, 기린면 경계에 있는 1004m 높이의 고개다. 예로부터 영동에서 영서로 생필품을 운반하던 고갯길이며 양양 사람이 서울 갈 때 넘어야 했던 험한 산길이다. 내설악과 남설악의 경계를 이루며 오색리에서 인제군으로 이어지는 44번국도, 오색령 고갯길(해발 920m)은 최고의 비경을 자랑하는 드라이브 코스다. 택리지의 이중환도 철령, 추지령, 연수령, 오색령, 대관령, 백봉령을 강원특별자치도의 이름난 여섯 고개로 꼽고 그중 오색령을 최고라 했다.

제4경 : 오색 주전골

오색 주전골은 암반이 오색 빛을 내고 옛 오색석사에 봄이면 다섯가지 색의 꽃이 피는 나무가 있다 하여 붙여진 이름이다. 위조 엽전을 만들던 곳이라 붙여진 이름이라고도 전해지는 주전골은 가히 설악산 단풍의 최고 명소다. 두시간이면 오색약수터에서부터 용소폭포에 이르는 코스로 산책하기 좋다.

제5경 : 하조대

낙산사 의상대와 함께 일출명소로 잘 알려진 하조대는 조선의 개국공신 하륜과 조준이 고려 말 은거하였던 곳으로 두 사람의 성을 따 이름 붙인 정자다. 6·25 전쟁으로 불타 소실된 것을 복원해 2009년에 명승 제68호로 지정했다. 하조대 위의 새하얀 무인 등대는 1962년 5월에 만든 것으로 기사문등대로 불린다. 하조대 앞 소나무는 애국가에 등장하는 명물이다.

제6경 : 죽도정

1965년 세운 죽도 정상에 있는 정자다. 죽도는 인구리 해수욕장에 있는 둘레 1㎞ 높이 53m의 섬으로 송죽이 사철 울창한 일출명소다. 북쪽 기슭에는 죽도암, 죽도정 외에도 전망대, 신선바위, 선녀탕을 비롯한 다양한 볼거리가 이어져 산책로가 형성되어 있다.

제7경 : 남애항

남애항은 삼척 초곡항, 강릉 심곡항과 더불어 강원 3대 미항으로 꼽히는 곳이다. 80년대 영화 '고래사냥'의 촬영지이기도 하다. 바다에서 시선을 조금만 돌리면 산꼭대기에 소나무 한 그루가 눈에 들어온다. 스카이워크도 생겼으니 80년대 추억만으로는 부족한 이들은 꼭 다시 방문하도록!

제8경 : 낙산사

의상대는 낙산사 창건자인 의상대사의 업적을 기념하기 위해 건립한 정자다. 낙산사의 동쪽 100m 바닷가 절벽 위에 세워져 있어 앞으로는 푸른 바다, 오른쪽 절벽 아래로는 낙산해수욕장, 그리고 뒤로는 낙산사와 울창한 소나무 숲을 배경으로 한다.

제 9경: 오산리 선사유적박물관

습지 '쌍호'를 매립하는 과정에서 발굴된 약 8,000년 전 신석기 유물을 보관, 전시, 연구하는 박물관이다. 신석기인의 생활상과 철기 시대에 이르기까지의 강동, 영동 지역의 유물을 모아놓았다. 야외 전시실에는 쌍호, 탐방로, 움집이 있는데 너른 습지인 쌍호는 '움직이는 갈대숲'으로 유명하다. 습지 위에 섬처럼 떠있는 갈대 군락지가 바람이 불면 움직이는 모습이 신비롭다.

제10경:서핑비치로드

서핑비치로드는 양양 현남면 죽도해변에서 인구해변과 서피비치를 포함한, 서핑으로 활성화 된 해변을 말한다. 군사 보호 구역이었다가 40년 만에 해변이 개방되자 전국에서 서퍼가 몰려와 '서핑'이라는 해양스포츠를 중심으로 새로운 문화를 이루며 해안마을의 풍경이 바뀌고 있다.

All About Gangwondo Gamja-jeon
강원도 감자전

강원도식 감자전! 간 감자를 기름에 부친, 세상에서 제일 간단한 요리지만,
세상에서 가장 멋진 요리 한 접시다.

Editor 조은영 **Photographer** 이규열

감자 알고 먹어요.

감자의 품종은 크게 '분질감자(Starchy Potato)'와 '점질감자(Creamer/Waxy Potato)'로 나뉜다. 분질감자는 튀김요리나 쪄서 먹는 요리에 적당하고, 점질감자는 수분이 많고 잘 부서지지 않기 때문에 국물요리나 볶음요리에 적당하다.

현재 한국 감자의 80%를 차지하는 '수미'(Superior)품종은 점질감자의 대표종이다. 1960년대 미국 위스콘신 대학교에서 나온 품종을 들여온 것으로 속살이 희고 수분이 많다. 찜을 하면 포슬포슬함을 기대하기 어렵고 금방 딱딱하게 굳어진다. 튀김은 어떨까? 바삭한 식감이 덜하고, 껍질 쪽의 당분이 타 튀김 색도 예쁘게 나오지 않는다. 패스트푸드에서 프렌치 프라이용 감자를 수입산(특히 미국산)으로 쓰는 것도 이 때문이다. 그래서 수미는 볶음이나 찌개용이다.

그렇다면, 포슬포슬한 감자를 먹고 싶을때는?

수미가 들어오기 전에는 1928년에 일본을 통해 전래 된 미국산 '남작' 품종을 많이 먹었다.

'남작'은 녹말(전분)성분이 많은 분질감자다. 흔히 '옛날감자', '강원도 토종감자' 등으로 팔리는 게 이 '남작'이다. 그런데 엄밀히 말하면 강원도 자주감자(춘천재래) 등이 더 오래전에 전래된 감자이고, '남작'은 외래 품종이다.

'수미' 감자 한 가지 맛으로 통일되다시피한 상황에서 최근에는 분질감자의 부슬부슬한 식감을 찾는 사람이 늘어나면서 홍감자나 '두백', '대서' 수요가 늘어나고 있다. '두백'은 해태제과의 감자연구소에서 교배하던 과정에 나온 돌연변이종을 개량한 것으로, 수미에 비해서 전분이 3% 정도 높은데, 그 3%의 차이가 맛을 다르게 한다. 남작과 비슷한 분질감자의 맛이 나고 쉽게 부서지지 않아서 조림에는 적합하지만 굽거나 찌면 남작에 비해 포슬포슬한 느낌은 떨어진다. 전분이 많은 포슬포슬한 남작으로 감자볶음을 하면 잘 부스러진다. 이럴 경우에는 감자를 썰어 물에 잠시 담가두고 전분을 뺀 상태에서 요리하는 것이 좋다. 정리하면 포슬포슬 강원도 찐 감자를 먹고 싶다면, 남작, 두백 종을 찾아 먹으면 된다.

-나무위키 참조-

강원도식 감자전

감자전 맛있게 하는 법, 집집마다 다른 감자전 레시피

양양전통시장 할머니 레시피

1. 강원도 감자를 준비한다.
2. 감자를 '반드시' 강판에 간다. 강판에 갈아 좀 두면 색이 변하면서 물이 생긴다. 체에 받쳐 거른다.
3. 걸러진 물을 잠시 두면 하얀 전분이 밑으로 가라앉는다. 물을 따라 버리고, 전분만 감자반죽에 섞는다.
4. 약간의 소금을 넣는다.
5. 팬에 기름을 두르고 잘 구워낸다.
6. 겉은 바삭하고 안은 쫀득한 강원도식 감자전이 완성이다.

tip
전분을 섞으면 쫄깃한 맛이 더 살아난다.
반죽이 너무 되직하면 물을 조금 섞는다.

노마드포차 황호빈 작가 레시피

1. 강원도 감자를 준비. 2. 감자를 썰어 2~3일 햇볕에 바짝 말린 후 분쇄하여 전분 대용으로 사용한다. 3. 감자를 강판에 간다. (문래동 태양슈퍼 할머니 전수) 4. 간 감자를 면보에 담아 수분을 최대한 짜내고 짜낸 감자물은 20분 정도 둔 다음 물은 버리고 침전된 하얀 전분을 회수한다.(속초 전남편전부인 사장님 전수) 5. 수분을 짜낸 간 감자 7 : 말려서 얻은 감자가루 1 : 짜내어 얻은 흰 전분 1 : 간 양파 1 비율로 감자전 반죽을 만든다. (간 양파가 신의 한수다.) 6. 감자전 반죽의 30% 되는 양의 감자채를 썰어서 준비한다. (태양슈퍼 할머니 전수) 7. 감자전을 한 국자 떠서 기름 달구어진 후라이팬에 올린다. 10mm 정도의 두께로 두툼히 편다. 8. 감자전이 익기 전에 감자채를 적당히 올린다. 9. 겉은 바삭하고 안은 쫀득한 감자전이다.

tip
간장소스 만드는 법. 진간장 2 : 파 2 : 마늘 1 : 풋고추 1 : 고춧가루 1 : 고수 3/ 잘 무친 후 30~60분 정도 재우면 채소에서 수분이 나와 자연스레 간이 적당한 연변스타일 양념간장이 된다.

쉬운 레시피

1. 강원도 감자를 준비한다.
2. 감자를 잘게 썰어 소금과 약간의 물을 넣고 믹서기에 간다.
3. 감자 반죽에 시판 전분가루나 밀가루를 살짝 섞어 점도를 조절한다.
4. 팬에 기름을 두르고 감자 반죽을 국자로 떠서 동그랗게 구워낸다.
5. 쑥갓이나 홍고추로 장식을 한다.

tip
양파를 약간 넣어서 갈아주면 갈변을 막을 수 있다.
믹서기에 갈 때 물을 넣어주어야 잘 갈린다.
반죽이 묽다 싶으면 전분가루를 추가해서 반죽해도 좋다. 바삭한 것을 좋아하면 센불에서 얇게, 쫀득한 것을 좋아하면 중불에서 도톰하게 굽는다.

Buckwheat Noodles Road
메밀국수의 도시

강원도 지역을 두루 여행하면서 막국수를 먹어보지 않은 사람은 없을 것이다. 그런데 강원도에서도 양양이 막국수 미식여행에 딱 어울리는 곳이라는 것을 아는 이는 드물다. 이제부터 기억하자. 양양의 대표음식은 막국수, 아니 메밀국수!

Editor 조은영 **Photographer** 이규열

1

메밀(모밀)

옛 선조들은 메밀을 '오방지영물(五方之靈物)'이라 부르며 신성하게 여겼다. 푸른 잎, 붉은 줄기, 흰 꽃, 검은 열매, 노란 뿌리 등 오색을 갖춘 신비한 영물이라는 것이다. 주로 열매를 먹지만 잎은 차나 채소로, 꽃은 밀원으로, 껍질은 베갯속으로 쓰일 만큼 버릴 것이 하나도 없다. 일제강점기부터 70년대 초까지 어려웠던 시기에 메밀은 서민의 영양 공급원이었다. 어디서나 잘 자라고, 1년에 2번 수확이 가능하고, 간작이 되는 작물이기 때문이다. 특히 서늘하고 습한 기후에서 잘 자라는데 대개 산간마을이다. 지금은 메밀의 하얀 꽃을 보기 위해 조경의 이유로 심는 이들도 많다.

밀 VS 메밀

밀은 보리, 귀리 등과 함께 맥류에 포함되는 반면, 메밀은 잡곡류에 포함된다. 밀과 메밀은 이름은 비슷하지만 완전히 다른 작물이다. 한때 메밀은 밀보다 대접을 받지 못했다. 그런데 메밀이 혈압을 조절하고 신장 기능을 강화시켜주는 건강음식으로 각광을 받고 있다보니 요즘은 메밀국수가 오히려 밀가루 국수보다 프리미엄 식재료로 인정을 받고 있다. 구체적으로는 비타민 P복합체로 모세혈관의 벽을 튼튼하게 하고 동맥경화나 고혈압 치료를 위한 혈압강화제인 루틴, 그리고 단백질, 필수아미노산이 많이 들어가 있다. 특히 루틴은 비타민C와 결합하면 효과가 더 높아진다고 하니 메밀음식을 먹을 땐 채소와 과일을 곁들이면 좋다.

메밀은 크게는 다섯 종류로 구분하고, 총 20여 종이 있는데 그중 가장 널리 재배되는 것이 보통메밀(일반메밀, 단메밀)과 히말라야에서 온 타타리메밀(쓴메밀)이다. 쓴메밀인 타타리메밀은 중국 운남성, 네팔, 파키스탄 등 고산지에서 주로 재배한다. 국내에서도 2009년 농촌진흥청이 쓴메밀 품종 〈약선〉을 육성, 보급해 최근 재배가 늘어나고 있다. 보통메밀보다 크기가 작고 둥근 모양이라 껍질을 벗겨 가공하기가 어려운 것이 단점이며, 가격도 보통메밀보다 비싸. 현재 국수·가루·차 등의 쓴메밀 제품이 나와 있다. 루틴은 일반메밀보다 쓴메밀에 100배가 더 함유되어 있다고 한다.

2

메밀국수=막국수

메밀로 만든 국수를 메밀국수 또는 막국수라 한다. 막국수는 금강산 절집에서 시작했다는 설이 유력하다. 즉, 북한 유래설이다. 시원한 동치미 국물에 말아먹는 이북스타일의 막국수는 강원도로 내려와 고성, 속초, 양양을 중심으로 발달했다. 춘천식 막국수는 닭, 돼지뼈나 소뼈를 고아낸 육수를 주로 사용하고 평창식 막국수는 과일이나 채소로 국물을 낸다.

3

막국수의 '막'의 어원
1) 메밀의 껍질까지 거칠게 갈아 '마구' 만들었다 해서 막국수다. (평양)
2) '마구'란 의미에 '방금', '막 만든'이란 뜻이 더해져서 막국수다. (강원)

4

막국수? No! 메밀국수? Yes!
양양군은 한때 '막국수'라는 명칭을 일제히 '메밀국수'로 바꾸려는 시도를 했었다. 그런데 이에 반대하는 의견이 존재했다. 오랜 시간 동안 '막국수'라는 명칭에 익숙해 있고, 또한 여기에도 지역의 전통과 역사가 담겨있는데 굳이 왜 바꾸느냐는 것이었다. 그래서 지금 양양에 가면 메밀국수, 막국수 두 단어를 혼용해 사용하는 것을 볼 수 있다.

5

메밀국수의 면
메밀에는 글루텐 성분이 거의 없다. 그래서 식감을 위해 밀가루나 전분을 섞는데 그 비율은 집집마다 다르다. 메밀 함량이 100% 면이라고 해서 반드시 좋다고 말하기는 어렵고 이는 어디까지나 개인 취향이다. 메밀 100%를 사용한 순메밀은 '숟가락으로 떠먹어야 할 정도'라는 표현이 있을 정도로 면발에 끈기가 없다. 메밀 면발에 간간이 보이는 검은 점은 메밀 껍질인데, 과거에 제분 기술이 발달하지 않아서 껍질이 들어간 국수를 만든 것이다. 요즘은 제분기술이 좋아져 오히려 메밀국수의 어두운 색감을 내려고 볶은 메밀을 사용한다고도 하니 아이러니가 아닐 수 없다. 양양에서 순메밀로 면을 하는 집은 *진솔메밀국수, *송전메밀국수 *복골메밀국수 *범부막국수가 있다.

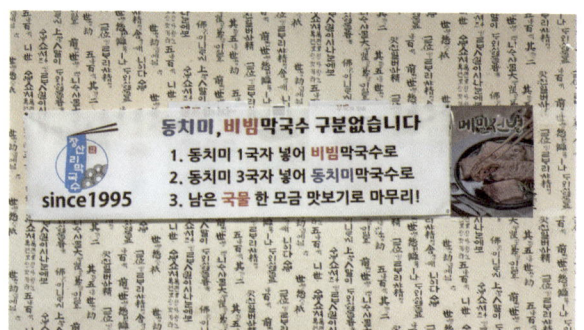

6

메밀국수 VS 평양냉면
두 음식 모두 메밀면을 사용하는 것은 같다. 냉면의 본산지인 평양에서는 메밀의 겉껍질을 제거하면 국수라 부르고 냉면용으로 사용, 껍질까지 같이 넣어 만들면 흑면 또는 막국수라 부르고 메밀국수용으로 사용했다. 그러므로 두 음식의 결정적 차이는 껍질의 유무다. 한편 함흥냉면에는 메밀이 안들어간다. 고구마전분을 사용하기 때문에 면이 쫄깃하다. 그러니 함흥냉면보다 평양냉면, 메밀국수가 훨씬 더 닮은 꼴이다. 평양냉면은 고기 육수에 고기 고명을 내는 것이 특징이고 메밀국수는 원래 동치미 베이스의 육수를 사용하고 고기 고명은 올리지 않는다.

7

양양 메밀국수의 특징

1) 물과 비빔의 구분이 없다.
원래 강원도 막국수는 비빔과 물을 구분하지 않았다 한다. 국수와 육수가 따로 나와서 국물을 많이 부으면 물, 적게 부으면 비빔이 되는 거다. 최근에는 물과 비빔을 나누어 파는 곳도 많이 생겼지만, 오래된 가게일수록 물/비빔 구분 없다.

2) 마을 이름을 상호로 내세운 곳이 많다.
메밀국수는 예전부터 마을사람이 모여 함께 만들어 먹던 음식이다. 반죽이나 국물을 만드는 비법도 마을마다 조금씩 달랐다. 그 때문에 양양 토박이가 운영하는 메밀국수집의 상호를 보면 송월메밀국수 입암메밀국수 범부메밀국수, 복골메밀국수, 장산리막국수 등 마을 이름이 많다.

3) 면과 육수
메밀국수는 메밀함량이 높을수록 면을 미리 뽑아 준비해 두기가 힘들다. 그래서 순메밀을 하는 곳은 주문을 받으면 반죽하고 면을 뽑아 바로 삶아낸다. 지금도 양양에서 주문 즉시 반죽을 해 면을 뽑는 곳은 *복골메밀국수 *자연면옥 *진솔메밀국수 *메밀꽃향기 등이 있다. 전통적인 동치미 국물 육수 외에 육수의 종류가 다양해졌다. 소뼈와 각종 한약재, 과일과 채소, 간장 베이스로 육수를 내는 집 등등.
*동치미베이스: 실로암막국수, 장산리막국수, 공항메밀국수
*간장베이스 : 입압메밀타운
*과일베이스: 상운메밀촌
*사골베이스: 범부메밀국수, 송원메밀국수

4) 고명
김가루, 계란, 오이, 깨가루가 일반적이다. 오이채는 없는 집도 있다. 강원도의 특성상 명태회나 가자미회가 올라가기도 하고 무채를 살짝 올리기도 한다.

8

들기름막국수?
들기름막국수가 상업적으로 널리 퍼진 것은 고기리 장원막국수의 공이 크지만, 현지인의 증언에 의하면 강원도 동해안 지역에서는 예전부터 들기름 막국수를 먹었다고 한다. 들기름 막국수의 시작은 전라도라는 설도 있고, 문헌에 보면 고려시대에도 들기름 막국수를 먹었다는 기록이 있다.
2012년 개업한 고기리 장원막국수는 홍천의 장원막국수 본점에서 기술을 전수 받았는데, 들기름 막국수는 단골에게만 맛보기로 만들어주던 메뉴였다. 이것이 입소문을 타면서 정식메뉴가 된 것이다. 고기리 장원막국수는 2019년 용인시 수지구 고기동으로 가게를 이전하며 고기리 막국수로 가게 이름을 바꿨는데 항상 대기 줄이 엄청나다. 오뚜기에서도 고기리 막국수와 제휴해 들기름 막국수 제품을 출시했다.

양양 메밀국수 맛집 가이드

주소 / 영업시간 *휴무일 *특징

1. **복골양지마을메밀국수** 복골길 144 / 10:00~19:00 *수 휴무 *닭도리탕, 추어탕,모두부
2. **복골메밀국수** 강현면 하복길38번길 17-7 / 11:00~14:00 *수 휴무 *예술적 인테리어와 순메밀, 점심 영업만!
3. **공항메밀국수** 강현면 진미로 106 / 10:00~18:00 *화 휴무 *144수요미식회, 생활의 달인, 동치미육수
4. **진솔메밀국수** 강현면 장산4길 7 / 10:30~18:00 *화 휴무 *순메밀, 동치미육수, 현지인추천
5. **영광정메밀국수** 강현면 진미로 446 / 10:00~19:00 *화 휴무 *3대째 대를 잇는 맛, 동치미막국수의 원조격
6. **실로암메밀국수** 강현면 장산4길 8-5 / 10:30~17:00 *수 휴무 *동치미육수, 깔끔한 인테리어, 묵은지, 백김치
7. **장산리막국수** 강현면 장산1길 10 / 10:00~19:00 *휴무 없음 *주문즉시 제면, 동치미육수, 명태식해
8. **메밀꽃향기** 강현면 진미로 218 / 10:00~20:00 *목 휴무 *들기름막국수, 감자옹심이, 육전
9. **범바우막국수** 강현면 동해대로 3277-22 / 08:30~18:00 *수 휴무 *들기름막국수, 비트와 구찌뽕 진액 육수, 갈비탕, 떡만두국
10. **메밀꽃이 피었습니다** 강현면 안골로 3 / 10:00~20:00 *수 휴무 *대중적, 쫄깃한 면발
11. **낙산진면옥** 강현면 주청1길 30 / 11:00~20:00 *목 휴무(현 잠정휴무) *전병, 육개장, 냉면 등 다양한 메뉴
12. **꼬꼬와 메밀** 양양읍 거마천로 502 / 08:30~19:00 *2,4번째 화 휴무 *가정식 백반 조식
13. **동해막국수 분점** 양양읍 포월윗말길 2 / 10:00~20:00 *월 휴무 *양양읍, 김치와 어울리는 비빔, 깔끔 인테리어
14. **대포면옥 양양분점** 양양읍 동해대로 2825 / 10:00~19:30 *화 휴무 *속초, 냉면, 대중적인 맛
15. **메밀꽃막국수에 빠지다** 양양읍 양양로 32 / 10:00~20:00 *휴무없음 *한우사골육수, 빨간양념막국수
16. **연포막국수(야간열차)** 양양읍 양양로 44-3 / 08:00~20:00 *양푼보리밥, 들기름막국수, 숨은맛집
17. **춘천면옥** 남문로 16-12 / 11:30~14:30 *휴무없음 *노포, 가자미회냉면 막국수
18. **양양면옥** 양양읍 남문로 16-7 / 11:00~20:00 *수 휴무 *노포, 순메밀, 회냉면
19. **자연샘식당** 양양읍 고치물길 25 / 11:00~19:00 *토 휴무 *만두국 맛집, 사골육수
20. **단양면옥** 양양읍 남문6길 3 / 11:00~19:00 *월 휴무 *백년가게, 가자미회 올린 함흥회냉면이 별미
21. **함흥냉면** 양양읍 남문로 16-13 / 11:00~재료소진시 *휴무없음 *명태회 유명, 노포, 냉면, 수육, 막국수
22. **범부메밀국수** 서면 고인돌길 6 / 11:00~19:00 *수 휴무 *순메밀, 한우사골육수, 도토리냉면과 촌두부
23. **해담막국수** 서면 구룡령로 2088 / 10:00~18:00 *월, 화 휴무 *메밀함량85%, 전병, 짱아찌
24. **해오름막국수** 손양면 선사유적로 881 / 09:30~20:00 *목 휴무 *솔비치 *솥밥,냉면 *현지인 추천
25. **송월메밀국수** 동명로 282-4 / 09:30~16:00 *화 휴무 *메밀국수, 두부, 문어 조합 특별함
26. **송전메밀국수** 손양면 송평길 4-23 / 09:30~19:30, 수 ~15:00 *연중무휴 *60년 넘은 노포, 온메밀이 유명
27. **송림메밀국수** 손양면 동명로 320 / 10:30~20:00 *연중무휴 *장칼국수, 감자전, 솔비치
28. **삼교리동치미막국수 양양점** 손양면 재뫼길 20 / 10:00~19:30 *목 휴무 *동치미육수, 강릉이 본점
29. **동호면옥** 손양면 굴개길 17 / 10:00~19:00 *수 휴무 *냉면, 째복/장칼국수, 수육,두부 다양한 메뉴, 현지인 추천
30. **회산막국수** 손양면 손호로 93 / 11:00~20:00 *휴무 없음 *깔끔한 인테리어, 감자옹심이
31. **자연면옥** 손양면 동호리 55-1 / 10:30~20:00 *목 휴무 *깔끔한 인테리어, 갈비탕, 냉면
32. **상운메밀촌** 손양면 상운길 44-33 / 10:00~20:00 *화 휴무 *채소과일육수, 메밀육개장칼국수
33. **원효메밀막국수** 현북면 원일전리 286 / 10:30~재료소진시까지 *산초두부, 떡만두국, 민박운영, 사전예약필수
34. **하조대평양면옥** 현북면 하조대2길 48-34 A동 1층 / 10:00~19:00 *수 휴무 *한우곰탕, 평양물냉면, 사태수육
35. **하조대막국수** 현북면 하조대길 23 / 09:00~19:30 *연중무휴 *손왕만두, 수육
36. **다락막국수** 현남면 인구중앙길 95 / 11:00~17:30 *수 휴무 *깔끔한 인테리어, 40년 이상의 전통, 죽도해변
37. **양양막국수** 현남면 인구길 60 2층 / 08:00~20:00 *연중무휴 *인구해변, 2층집, 만두, 순대국, 숨은맛집
38. **갑산메밀국수** 현남면 동해대로 567 / 07:00~19:00 *일 휴무 *멍비치, 애견동반, 해장국과 백반
39. **남애면옥** 현남면 동해대로 280 / 09:00~21:00 *연중무휴 *남애항, 옛날불고기와 냉면
40. **입암메밀타운** 현남면 화상천로 155 / 10:00~18:30 *월 휴무 *채수, 노포, 묵은김치가 별미
41. **동해막국수** 현남면 동해대로 54 / 09:30~20:00 *화 휴무 *간단한 메뉴, 물/비빔, 수육, 지경리해수욕장

서면

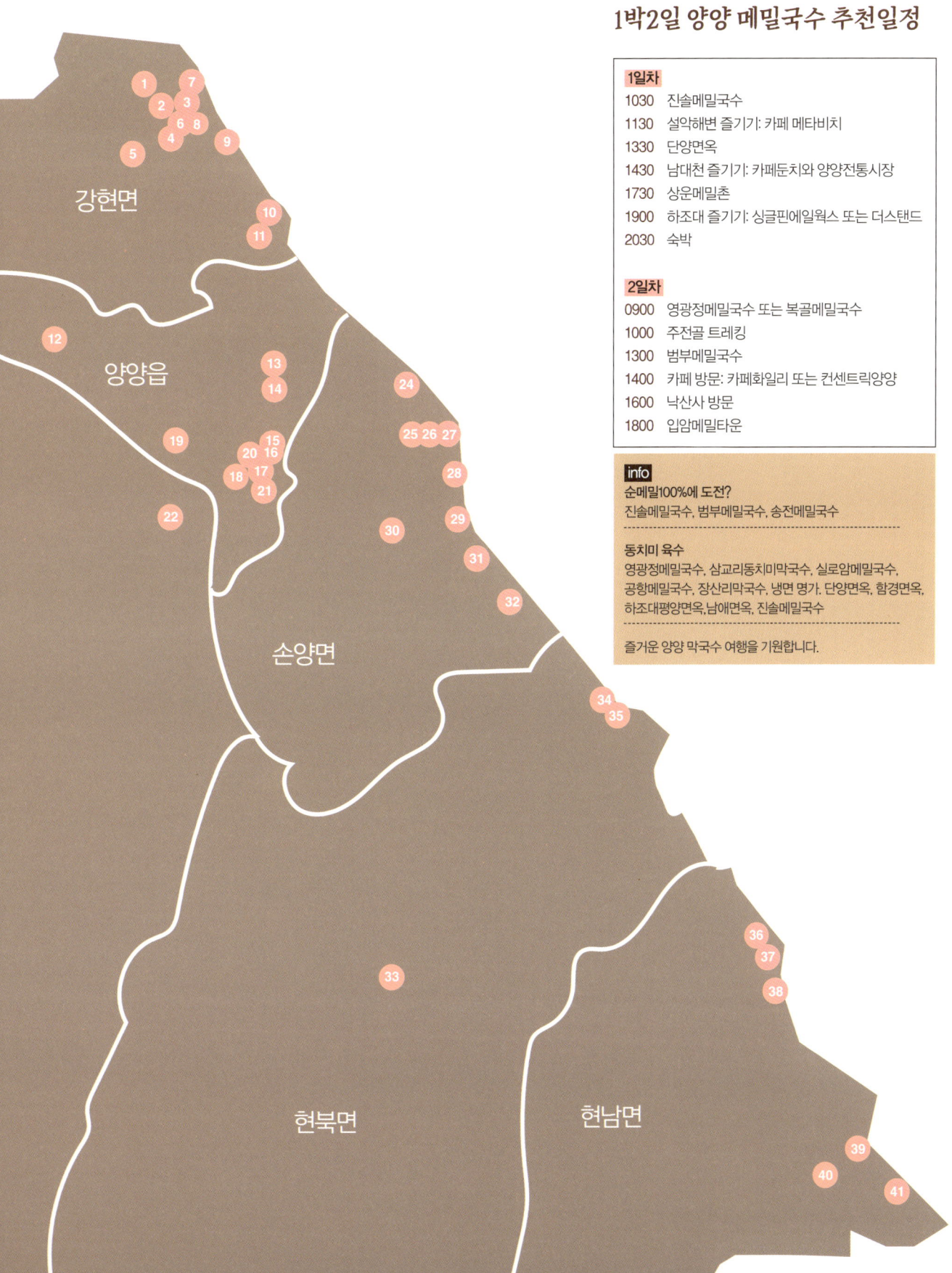

1박2일 양양 메밀국수 추천일정

1일차
- 1030 진솔메밀국수
- 1130 설악해변 즐기기: 카페 메타비치
- 1330 단양면옥
- 1430 남대천 즐기기: 카페둔치와 양양전통시장
- 1730 상운메밀촌
- 1900 하조대 즐기기: 싱글핀에일웍스 또는 더스탠드
- 2030 숙박

2일차
- 0900 영광정메밀국수 또는 복골메밀국수
- 1000 주전골 트레킹
- 1300 범부메밀국수
- 1400 카페 방문: 카페화일리 또는 컨센트릭양양
- 1600 낙산사 방문
- 1800 입암메밀타운

info
순메밀100%에 도전?
진솔메밀국수, 범부메밀국수, 송전메밀국수

동치미 육수
영광정메밀국수, 삼교리동치미막국수, 실로암메밀국수, 공항메밀국수, 장산리막국수, 냉면 명가, 단양면옥, 함경면옥, 하조대평양면옥, 남애면옥, 진솔메밀국수

즐거운 양양 막국수 여행을 기원합니다.

Namdaecheon is Alive
남대천은 살아있다

양양의 젖줄, 남대천의 생태계를
남대천을 사랑한 작가들의 시선을 통해 함께 들여다보자.

Editor 조은영 **Photo** 황하국 (양양생태사진연구회 회장), 김영준 작가 (한국사진작가협회 양양지부 사무국장)

황하국 작가
한국사진작가협회 작가. 양양군 강현면에 살며 양양생태사진연구회 회장을
맡고 있다. 한국멸종위기 동·식물보호협회 양양지회 회원으로 활동하며
전시를 7년간 이어왔다. 사진은 모두 남대천에서 촬영한 것이다.
순서대로,남대천의 오월, 잠자는 고니들, 재첩잡이, 긴점박이 올빼미. 수달가족.

김영준 작가
한국사진작가협회 양양지부 사무국장, PSA(미국사진협회) 한국책임연락관을 맡고 있다.
2024 강원특별자치도 사진대전 우수상을 수상하였다.
순서대로, 검은머리갈매기, 검은등할미새, 깜짝도요유조, 꼬마물떼새, 검은이마직박구리

The Souvenir

양양의 명소에서 탄생한 양양 시그니처 기념품들.

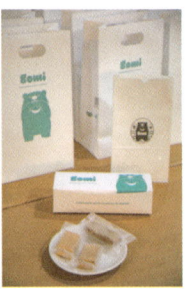

(1)
산꿀자연송이와 송이과자
참자연영농조합법인

양양의 특산품인 자연송이를 잘게 썰어 벌꿀에 재워 장기간 숙성한 산꿀자연송이는 귀한 분께 선물하기 좋은 아이템이다. 100% 천연벌꿀의 달콤함과 그윽한 송이향을 느낄수 있고 자연송이의 모양도 살아 있다. 가벼운 선물이라면 송이과자가 좋다.

문의 참자연영농조합법인 양양군 양양읍 포월새말길 41-42 033-672-5620 charmjayeon.com / 꿀 200g x 2개 48,000 / 송이과자세트 450g 15,000 / 150g 6,000

(2)
양양샌드
양양여성협동조합

관광지마다 샌드 열풍이다. 양양샌드는 대기업 제품이 아니라 양양여성협동조합의 여성들이 모여 만드는 한정품이다. 송어맛, 연어맛 두가지이며 냉동 보관 후 살짝 해동해 먹으면 더 맛있다. 택배로 주문해도 되지만, 양양전통시장 내 상가 2층에 있는 양양여성협동조합이 운영하는 문화카페에 가도 된다. 커피와 함께 먹는 것도 추천. 샌드 외에 양양서핑빵도 있다.

문의 양양군 양양읍 남문5길 9 2층 문화카페 010-9057-0585 / 1박스 15,000

(3)
양양 빵과 양양 떡
코코양양/ 송천떡마을

양양읍 웰컴센터 1층에 있는 코코양양은 현미로 만드는 베이글, 소금빵, 카스테라, 깜빠뉴, 바게트, 블루베리식빵 등으로 유명하다. 50년 이상의 떡만들기 역사를 가진 송천마을의 떡은 80% 재구매율을 자랑한다. 전국택배도 가능하지만 마을입구 공판장에 직접 들르면 제철 농산물과 떡, 식혜 등을 구입하고 쉬어갈 수 있다.

문의 코코양양 양양군 양양읍 일출로 570 033-673-0092 / 깜빠뉴 6000 오방떡 3,500
송천떡마을 양양군 서면 떡마을길 107 033-673-8977 / 콩가루인절미 (1kg) 13,000 절편 (1kg) 11,000 떡 (1kg) 11,000 가래떡 (1kg) 11,000 찹쌀떡 (1kg) 13,000

④

싱글핀 셔츠
싱글핀에일웍스

싱글핀에일웍스는 피자와 수제맥주 외에도 세련된 서핑 용품과 직접 디자인한 패션 아이템, 작가들의 작품 등을 판매하고 있다.. 특히 셔츠, 티셔츠 등은 퀄리티 높은 패브릭과 세련된 디자인으로 욕심내는 이가 많다. 하조대의 바이브가 살아있는 공간. 싱글핀에일웍스에 들러 수제맥주를 캔으로 포장해도 좋다.

문의 싱글핀 에일웍스 양양군 현북면 하조대2길 48-42
0507-1465-1175 www.singlefin-aleworks.com
반팔 워크 셔츠 68,000 긴팔 싱글핀 티셔츠 39,000

⑤

양양 전통주
양양술곳간

양지백주(탁주)와 모든날에(약주)는 쌀과 누룩으로 빚고 저온 발효숙성한 프리미엄 전통주다. 30일 간의 발효, 30일 간의 숙성을 거쳐 3차 담금에 의해 만든 삼양주로 대한민국 명주대상 '동상' 외 다수의 수상으로 가치를 인정받았다. 스마트스토어로 전국택배 가능하다. 양양의 좋은 물과 정성이 담긴 좋은 기념품이 될 것이다.

문의 양양술곳간 033-672-2217 / 양지백주(탁주), 모든날에(약주) 선물세트 48,000 약주 28,000 탁주 20,000

⑥

들기름, 들깨가루
양양김양희

김양희가 직접 들깨농사를 짓고 주변 농가에서 산 깨를 모아 저온압착방식으로 짜는 국산 들기름이다. 들깨가 고소하려면? 잡티가 없어야 하고 이물질이 섞이지 않도록 선별을 잘하고, 세척도 꼼꼼히 해야 한다고. 전통방식 들기름은 색이 갈색인데 저온에서 볶으면 색이 맑고 노란색을 띤다. 고소한 들기름은 동해막국수의 들기름 막국수에도 들어간다.

문의 양양몰 www.yangyang-mall.com / 들기름 120ml 13,000 180ml 18,000 300ml 26,000 들깨가루 500g 25,000

MOVE

우리는 여유와 취향이 있는 '지구 여행자'를 위한 콘텐츠를 만듭니다.
한국은 〈당신이 모르는 그곳〉, 외국은 〈MOVE〉로 세상 구석구석의 이야기를 담습니다.
한 호에 한 지역, 한 도시, 한 마을만 소개하고 있어 여행에 관심있는 사람이라면 누구나 편한 마음으로 구독할 수 있습니다.
근간의 여행을 위해, 또는 언젠가 떠날 꿈의 여행을 위해 소장하시기 바랍니다.

MOVE DESTINATION ABROAD

해외 여행 시리즈입니다. 총 8권이 발행되었으며 앞으로도 흥미로운 여정은 계속됩니다.

Vol. 1
BATANES

VOL. 2
SICILY

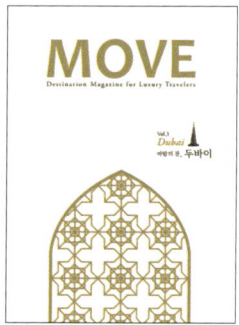

VOL. 3
DUBAI

VOL. 4
MAURITIUS

VOL. 5
NEW CALEDONIA

VOL. 6
LOMBOK

VOL. 7
SIBERIA

VOL. 8
MALTA

MOVE DESTINATION KOREA

국내 여행 시리즈는 '당신이 모르는 그곳' 이라는 부제로 발행하고 있습니다.

VOL. 1
JEJU ISLAND

VOL. 2
ANDONG

VOL. 3
GORYEONG

VOL. 4
GWANGJU

VOL. 5
JECHEON

VOL. 6
SEOUL

VOL. 7
HAPCHEON

VOL. 8
MAY GWANGJU

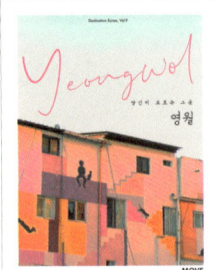

VOL. 9
YEONGWOL

VOL. 10
TONGYEONG

VOL. 11
TAEBAEK

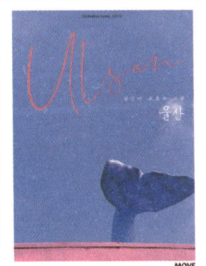

VOL. 12
ULSAN

VOL. 13
BOSEONG

VOL. 14
SOKCHO

VOL. 15
YANGYANG

MOVE 는 결국 사람을 여행합니다.

여행을 사랑하는 마케팅 · 출판 기획사 (주)어라운더월드가 발행하는
〈당신이 모르는 그곳〉은 MOVE의 세컨 브랜드이며 국내 여행지를 소개합니다.
'무브숍'에서는 MOVE의 모든 출판물과 지역 명품 소개, 여행 이벤트 등
다양하고 흥미로운 활동을 지켜보실 수 있습니다.

🏠 www.conciergeseoul.co.kr (무브숍) ☎ 02-3477-7046 ✉ movemagazine01@gmail.com
📷 movemagazine_official 🏠 www.movemagazine.co.kr

Subscription & Staff

구독 문의

〈당신이 모르는 그곳〉은 비정기간행물입니다. 1년에 2~3권 발행됩니다.

검색창에 '당신이 모르는 그곳'으로 검색 후
당신이 선호하는 온라인 서점에서 책을 구매할 수 있습니다.
1권당 18,000원

직접 구매를 원하시면 〈무브숍〉 홈페이지나 스마트스토어를 통해 주문하시면 됩니다.
www.conciergeseoul.co.kr
smartstore.naver.com/moveshoporiginal
SC제일은행 385-20-186606 예금주 컨시어지서울

STAFFS

Publisher & Editor-in-Chief
조은영 Cho Eun Young

Contributing Writer
정태겸 Jung Tae Gyum
황인희 Hwang In Hee
조송희 Cho Song Hee
김지인 Kim Ji In

Art Director
조민주 Cho Min Joo

Photographer
이규열 Lee Kyu Yeol

Co-operation
양양군

ISBN 979-11-89647-21-6 **발행** (주) 어라운더월드 02-3477-7046 | 서울 서초구 사평대로18길 23, 101호 **발행일** 2024년 10월 10일 **인쇄** (주) 제일프린테크 02-2068-7305
〈MOVE〉에 실린 모든 글과 사진은 저작권법에 의해 보호 받으며, 발행사의 허락이 없는 무단 전재와 복제를 엄격히 금합니다.